국향

현대수필가100인선 · 44

국향

정주환 수필선

좋은수필사

■ 책머리에

  수필은 누구나 부담 없이 읽고, 마음만 먹으면 직접 쓸 수도 있는 가장 친근한 문학이다. 다른 영역의 문학이 영상매체에 밀려 신음하고 있는 중에도 수필 인구만은 날로 증가하여 바야흐로 수필 전성시대를 구가하고 있는 이유도 거기에 있을 것이다.

  시대적 추세에 힘입어 수많은 수필전문지, 수필동인지가 창간되고, 이에 비례하여 신진 수필가도 날로 늘어나다 보니 이제는 그 많은 작가, 그 많은 작품 중에서 문학성 높은 작품을 가려 읽는 일이 쉽지 않게 되었다. 이런 현상은 작가에게나 독자에게나 결코 바람직한 일이 아니다. 더 나아가서는 수필을 연구하는 후세들에게도 큰 부담이 될 것이다.

  이런 문제를 해결하는 데는 출판인도 마땅히 한몫을 감당해야 한다는 평소의 소신에 따라, 본사가 기꺼이 그 역할을 맡기로 했다. 그 첫 번째 사업으로 시대를 대표할 만한 수필가 100인을 선정하고, 작가가 자선한 40편 내외의 작품을 수록한 문고본을 발간하여 이를 널리 보급함으로써 그 소임을 다하고자 한다.

  본사는 사명감을 가지고 이 사업을 추진해 나가기로 했다. 작가 선정을 전담할 편집위원회를 구성하고 전권을 위임하여 일체의 사적인 정실이나 청탁을 배제함으로써 전문성과 공정성을 확보해 나갈 것이다.

따라서 이 기획물 속에는 작가의 문학정신뿐만 아니라, 본사의 문학사적 기여 의지와 편집위원 제위의 수필문학에 대한 애정과 문인으로서의 양심이 함께 담겨 있음을 자부한다. 다만, 작가를 선정하는 기준에는 많은 견해의 차이가 있을 수 있고, 선정 과정에서도 미처 챙기지 못한 부분이 있을 것이라는 사실만은 인정하지 않을 수 없다. 이 점에 대해서는 관계자 여러분의 양해 있으시기 바란다.

이 시리즈의 발간 순서는 작가, 또는 본사의 사정에 의한 것일 뿐 그밖의 어떤 기준도 적용하지 않았음을 밝힌다.

본 기획물이 시대를 초월한 많은 수필 애호가들의 관심과 애정 속에 우리나라 수필문학 발전에 한 이정표가 되기를 바랄 뿐이다.

2010년 4월

《좋은수필》 발행인 서 정 환
현대수필가 100인선 간행 편집위원 박 재 식 최 병 호
정 진 권 강 호 형
변 해 명

| 차례 | 현대수필가100인선·44

1_부

귀원사歸園詞 · 12
신우언사新迂言辭 · 15
독락당사獨樂堂詞 · 16
신장진주사新將進酒詞 · 18
매화꽃 · 21
비연飛燕 · 23
가상 유언장 · 25
용서 · 28
그 어머니 · 30

현대수필가100인선 · 44

2_부

촌상수제 · 34
국향 · 39
'결' 타령 · 44
전설처럼 피어나는 그리움을 안고 · 48
별처럼 꽃처럼 · 52
구름 · 57
마음은 달이 되어 · 62
마음 · 66
기다림 · 70
노인과 바다 · 75
병상기 · 80
깊은 밤 사각거리는 진한 고독 · 94
죽송 · 98
황룡강이 우는 사연 · 102

현대수필가100인선 · 44

3_부

명 · 106
알 수 없는 것들 · 110
알다가도 모를 세계 · 115
죽음 · 119
화안애어和顔愛語 · 121
봄 · 125
통곡의 섬 독도 · 129
추억의 사진 한장 · 133
풍영정을 찾아서 · 135
어머니라는 존재 · 139
황 노인 · 141

현대수필가100인선 · 44

4_부

바보들의 천국 · 146
불운과 행운 · 148
복잡한 사고 · 150
삼지三知 · 152
참된 삶 · 154
민주라는 이름 · 156
악인과 선인 · 158
사랑 · 160
겨울은 봄을 낳고 · 162
선물 · 164
도둑 · 166

5_부

배 • 170
십자가 모독죄 • 172
기도 • 174
두 형제 • 176
두 나그네 • 178
한 통의 편지 • 179
현재 • 180
장례식이 화려한 이유 • 181
오만 • 183
위대한 지도자 • 185

◼ 작가연보 • 187

1부

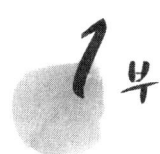

귀원사 歸園詞
신우언사 新迂言辭
독락당사 獨樂堂詞
신장진주사 新將進酒詞
매화꽃
비연 飛燕
가상 유언장
용서
그 어머니

歸園詞

인생이 걷는 길, 무엇을 닮았을까?

사람들은 말하더라. 아침 이슬 닮은 신세라고……

그러나 어쩌랴. 모든 사물의 법칙이 한번 태어나면 반드시 멸하는 것을.

그래도 이슬만은 영롱玲瓏한 빛을 발하다가 목숨을 거두는데, 인간은 그 찬란한 빛을 발하는 사람이 몇 명이나 되느냐. 스스로를 근심과 걱정으로 늙히는 욕심덩어리가 아니더냐.

하여,

도잠은 귀거래사를 남기고 전원으로 돌아갔다. 나 역시 그를 닮고자 일산一山 산황山黃 자락에 야거野居를 마련하고, 소나무와 오동나무도 심고 장미와 능소화도 가꾸어 산천경계를 이룬지 오래다. 이제 단록丹綠의 색채를 칠하지 않고서도 사시사철 울긋불긋 꽃향기 그윽하고, 바람 또한 푸른빛을 머금고 창문을 넘나드니 이보다 더한 장생長生의 비결이 어디 있으랴.

마당 귀퉁이에 마련한 텃밭에 갖가지 채소가 신선하게 자라고, 집 두위로 사시사철 짙은 숲향이 내실까지 침노한다. 비록 고담준론高談峻論을 나눌 수 있는 문우가 내 곁에 없는 게 흠이지만, 조석으로 농약치지 않은 담백한 야채를 식탁에서 대할 수 있으니 이만한 호강이 또 있을까.

글을 읽다가 고개를 돌리면 언제나 청풍이 고운 꽃물로 헹궈주고, 창문을 열면 들 자락의 창려한 천년초의 녹빛이 세속의 번잡함을 씻어간다. 지는 꽃조차 인제나 밝은 미소로 답해주고, 흐르는 구름조차 섬세한 의경意境의 몸짓을 보내니 이곳이 바로 선경이 아니랴.

매월 보름이면 월광月光에 취해 잠 못 이룰 때가 많다. 그 때마다 담연유수淡然流水 마음으로 달빛을 바라보다가, 일심으로 돌아가 이슬같은 인생을 사유思惟 하곤 한다. 명징하다 못해 너무도 청아한 달빛을 바라보는 선미仙味를 가슴에 안고, 월백月白 아래 변화무쌍하리만치 무섭고 독한 내 어지러운 마음을 난릉蘭陵의 울금주를 따라 흘려보내는 고족高足의 경지를 누가 알랴.

지는 꽃 아무 말 없는데, 그대는
국화처럼 맑은 사람.

花落無言, 人淡如菊

　입에서 저절로 흘러나오는 한 수의 시가 어지러이 떨어져있는 붉은 꽃잎 사이를 타고 심백心白위에 표구된다. 내일 아침이면 맑은 난향이 고샅길을 가득 메울 것이다. 행인들은 또 물을 것이다. 이 집의 소유자가 누구냐고?

신우언사新迂言辭

 산골에 살면서 거부가 되겠다고 꿈꾸는 자는 어리석은 자이다. 도시에 살면서 가난하게 살겠다는 꿈을 지닌 자 역시 어리석은 자이다. 산골에 살면서 현대적인 문화를 모두 향수하려는 자도 웃기는 일이요, 도시에 살면서 현대적 문화를 외면하는 자 역시 웃기는 일이다. 그렇다면 웃기는 자 속에 들어가지 않을 사람이 몇이나 될까?
 산골에서 살면서 자연의 순리의 도를 터득하지 못한 자도 부끄러운 일이요, 도시에 살면서 자연의 도를 운운하는 자 역시 부끄러움을 모르는 자다.
 한 평생 살아가면서 참된 도는 말에 있는 것이 아니라 그 정신과 행동에 있다는 것을 모른다면 그것도 부끄러운 일이지만, 한 평생을 명리名利만을 좇아 다니는 자는 더욱 부끄러운 자가 아닐까.

독락당사獨樂堂詞

완적阮籍이 그랬던가. 인생은 티끌이라고. 그리고 이슬처럼 한 순간에 사라지는 무상한 존재라고.

덧없기로 말하면 붓 끝의 먹물이요, 한철 머물렀다 가는 선충蟬蟲의 삶이 아니던가.

"무상함이여! 인생은 저 흐르는 유수와 같도다."

이는 공자의 탄식이다. 기수沂水의 물가에서 유유히 흘러가는 강물을 바라보며 젖은 목소리로 읊조리던 모습이 가슴시리다.

그러나 이슬 같은 인생이지만 영롱玲瓏한 아침 이슬이 아니랴. 청려清麗하기 비단에 수놓은 것 같고, 단단하기가 겨울의 설송雪松과 같다. 푸른 나뭇가지에 걸려있는 거문고 뜯으며 가락을 만들고 천길 폭포가 춤을 추는 이백의 삶을 닮아보는 것도 향기로운 여정이리라.

궁통窮通은 하늘의 뜻이니, 내가 상관할 바가 아니요, 우희憂喜는 인간의 상정常情이니 누가 시비하랴. 호방한 흥취興趣를 억제하지 말고, 마음껏 펴면서 풍류도 즐길 지어다.

사람들은 강남을 부러워한다. 그러나 그곳에도 자규子規의 호곡이 있고, 고루거각高樓巨閣의 멋 부리는 사람의 입에서도 백발의 탄식을 흘린다. 사람들은 불로장생不老長生을 원하지만 부질없는 욕심이 아니랴. 무성한 나뭇가지 가을이 되면 시들고 화려한 봄꽃도 철 지나면 처참하게 이운다.

황학黃鶴이 되기만을 바라지 말라. 연작燕雀의 삶도 가치롭다. 배는 물과 함께 어울려 물위를 달리지만, 배와 물은 하나가 아니듯이 욕망은 영광이 아니다. 욕망은 염기鹽氣에 물이 당기듯이 끝없는 갈증. 한 끼의 밥과 한 잔의 술잔에 흡족할 줄 모른다면 만사에 언제나 근심이 따를 것이다.

나는 일상의 잡다함에 일탈逸脫하여 고족高足의 경지를 얻기 위해 한 평생을 애써왔다. 다시 그것을 다지고, 나 자신 스스로를 위로하는 자락自樂의 기쁨을 누리기 위해 내 당호를 독락당獨樂堂이라 이름한다.

신장진주사 新將進酒詞

 칠십대 김 노인, 그는 항상 호방하게 살아간다.
 그런 성격 때문인지 그의 얼굴에는 아직도 장미 빛이 감돈다.
 어느 날 술자리를 벌여놓고 내게 묻는다.
 "한 달이면 몇 번이나 웃느냐?"고.
 머뭇거리는 내게 그는 너털웃음을 쏟아내더니, 웃으면서 살란다. 날마다 웃고 살란다. 일 년 열두 달 좋은 일 있어보았자, 열두 번인데, 그럴 때만 웃는다면 언제 웃겠느냐고 그저 웃고 살란다.
 술잔을 들다 말고 그는 뜨락에 내려가 장미꽃 두 송이를 꺾어들고는 내 손에 쥐어 주면서, 오늘 아침에 핀 꽃은 이리도 싱싱한데 어제 핀 꽃은 이렇게 생기를 잃지 않느냐며, 시간의 잔인함을 확인하란다.

봄이면 새싹이 돋고 여름이면 이파리가 무성하다. 그것은 유수처럼 흐르는 세월의 증거란다. 하기에 자꾸 웃으면서 살란다.

"웃어야지, 암 웃고말고."

그는 미친 사람처럼 혼자 말로 지꺼린다.

다정한 친구를 만나면 손을 잡아주고, 못된 사람도 술잔을 나누란다. 친한 벗은 다시 만나지 못할 두려움에 손을 잡아주고, 못된 우정은 칼을 빼지 못하도록 술잔을 건네란다. 그는 또다시 껄껄 웃어댄다.

김 노인의 이마에 그어진 산골은 심산이 되어 내게 허한 가슴을 준다.

지난가을 비 개인 어느 날, 그때도 김 노인은 말했다. 풀이 가랑비를 맞으면 생기가 돋아나지만, 인생이 비를 맞으면 어깨가 처지는 법이라면서 비단옷을 아끼지 말란다. 꽃이 필 때는 꽃가지를 꺾는 재미도 맛보면서 흥겹게 살란다. 꽃은 향기가 있어 고아하고 달은 그림자가 있어 기품이 있다면 인생에게는 꽃가지를 꺾을 수 있는 멋스러움이 살맛나게 한다는 거다.

내 나이 이미 육순인데 그는 나를 부러워한다. 육십 대나 칠십이나 그게 그것인데 그는 육십 대인 내 젊음이 부럽단다.

김 노인은 계속 술을 부어댄다. 그리고는 스스로 출새곡出塞曲을 부른다. 국향菊香 속에 앉아 있는 두 사람의 술잔 사이로 가을 귀뚜라미 소리가 슬프게 여울진다.

　기개 때문일까. 약주 때문일까. 김 노인의 목소리는 하늘을 덮고 도도한 마음은 장강長江되어 유유히 흐른다.

　귀밑까지 드리운 김 노인의 흰 머리카락이 깃발처럼 가는 바람에 펄럭이는데 별빛은 어느덧 오동 잎새에 가려있다.

　김 노인의 이야기는 계속된다. 은하수에 다리를 놓기도 하고 마음에 쌓인 끝없는 한恨을 옥잔에 띄워 스스로 마셔댄다.

　김 노인의 장진주곡은 신선의 가락인가.

　주인도 객도 함께 술에 취해 있다.

　금년도 명년도 또 내후년도 즐겁게 보내며, 웃어 보자고 김 노인은 장주곡을 읊으며 주문한다. 웃으며 꽃과 같이 살라고.

　김 노인의 흰 눈썹이 슬피 우는 소쩍새 거친 목소리에 젖어있다.

(2002.8)

매화꽃

3월의 햇살이 물결치고 매화꽃이 방긋거리는 3월이 오면 매화꽃처럼 맑고 청순한 그 소녀가 보고 싶다.

3월 어느 날, 대문이 열린다. 맑은 눈방울을 가진 소녀가 웃고 서 있었다.
"야, 너, 은정이구나. 그간 잘 지냈니?"
홍조 띤 소녀의 얼굴 위로 봄 햇살이 별이 되어 부서진다.
"벌써, 숙녀가 됐네."
"졸업한 지가 언젠데요?"
"아, 그렇지."
그러고 보니 그 아이와 헤어진 지 벌써 2년 반이 훌쩍 지났다.

소녀의 손에는 붉은 매화 꽃가지가 들려있다.

"선생님, 이거…"

서글서글한 눈빛이 서리 뺨으로 향하면서 또 한송이의 매화 꽃이 핀다.

나는 그간의 소회를 담는다.

그러나 소녀는 말없이 다소곳이 고개를 숙인 채 웃기만 한다.

"선생님, 바빠서, 이만 갈게요."

터질 듯한 3월의 햇살이 소녀의 머리를 휘감는다.

"아니, 더 이야기 하다가 가지 않고…"

"약속이 있어서요."

한 마디를 수줍게 남겨 놓고 방문을 닫는다.

그 후, 소녀의 소식이 끊겼다. 멀리 외국으로 나갔다는 소식을 들었다.

세상을 맑게 헹궈주는 3월의 햇살이 곱디 곱다. 고운 빛 옷자락에 물들이고 싶어 서성거리는 데 그 소녀의 얼굴이 햇살에 너울거린다.

지금도 소녀는 옥빛 살결에 흑진주 눈빛을 지니고 내 앞에 있는 것만 같다.

아니, 그대로 서 있다.

비연 飛燕

　나뭇가지가 한결 밝게 빛나고 바람도 제법 탱탱해지는 청명절.

　제비 한 쌍이 내 집 뜨락에서 하루 종일 윤무를 하더니, 다음 날부터 처마 밑에 움집을 튼다. 요염을 떠는 살구꽃 사이를 오가며 흙을 나르고 지푸라기를 꼬더니 어느새 대궐같은 보금자리를 완성하였다.

　눈물이 날 정도로 바쁜 움직임이다. 휴식도 없이 열심을 내는 근면성도 감동적이었지만 부부 제비들의 그윽한 눈빛이 너무도 정결스럽다.

　새집에 든 두 부부는 좀 한가했던가. 한낮 처마 모서리에 기대어서 휴식도 취하다가 우지지 청수淸秀한 노래를 쏟아댄다.

　살구꽃이 지고 그 가지에 열매가 날로 튼실해지던 날, 제비 부부에게 큰 경사가 일어났다. 새 식구들이 태어난 것이다. 부부는 그날부터 더욱 분주한 하루를 보낸다. 새벽부터 몸이 바스러지도록 수백 번씩 먹이를 물어온다. 수컷이 날아왔는가 하면 뒤이어 암컷이 날아오기를 반복한다. 날이 다르게 새끼들은 무럭무럭 자라났다.

한 달이 되자 새끼는 몰라보게 살이 붙었다. 파닥거리며 날개 짓을 해댔고 마당가 대숲에도 살짝 앉기도 했다.

그런데 그들 부부의 형색은 말이 아니었다. 날이 갈수록 화자처럼 삐짝 말라있었고 날개는 윤기를 잃은 채 동공이 휑하니 뚫려있다. 그래도 그들은 쉬지 않고 새끼들을 위해 사력을 다해 일한다. 털을 골라주고 비공법飛空法을 전수하여주는 등 온갖 희생을 다 하였다.

그런 어느 날이었다. 네 마리의 새끼는 어디론가 날아가 버리고 텅 빈집에서 두 부부만이 남아 슬피 울어댔다. 목이 쉬도록 밤새 울어댔다. 그래도 새끼들은 돌아와 주지 않았다.

그 후, 두 부부는 울음을 멈추고 다시 일어나 일을 하기 시작했다. 어쩌면 그들 부부도 새끼 때에 제 부모를 그렇게 저버렸다는 것을 뒤늦게나마 깨달았기 때문이었을까.

*白居易의 〈燕詩〉

가상 유언장

 나는 이 세상에서 살면서 이루어 놓은 것이 아무것도 없다. 몇 권의 책을 냈지만 그걸 무에 쓰랴. 그래도 그 가운데 한 권을 선택하라 한다면 〈聖經에세이〉를 들겠다. 그만큼 이 책을 나는 가장 소중하게 여긴다. 따라서 내 자녀들이 꼭 읽어주었으면 싶다.
 내가 간염이란 병고에서 벗어날 수 있었던 것도 마음의 평화를 얻었던 것도 하나님의 은혜 때문이었다. 그 은혜가 아니었다면 나는 진즉 저 세상 사람이 되었을지도 모른다.
 하나님을 내 주로 심기는 마음으로 먼저 내 가족과 혈육을 사랑하고 싶다. 가족을 사랑할 줄 모르는 사람은 이웃을 사랑할 자격이 없다. 내 형제를 사랑하지 않는 사람은 보이지 않는 하나님을 사랑할 수 없다. 모든 행위는 본질에서부터 출발한다. 형은 아우(자매)를, 아우는 형을 언제나 배려하고 아우르는 삶, 그것이 진정 하나님을 사랑하는 마음이다.

그 다음은 지나치게 명예를 좇는 사람이 되지 말기를 당부하고 싶다. 명예는 인격에서 저절로 획득되어지는 것이어야지, 돈이나 노력으로 얻는 것이 아니다. 인격을 갖추지 못한 명예는 도리어 사람을 추하게 한다는 사실을 명심했으면 한다.

그리고 허욕을 갖지 않기를 바란다. 남의 보증을 서는 일도 증권 같은 투기성으로 재산을 증식하는 허물을 범하지 않기를 바란다. 보증이란 그 사람이 갚지 못했을 경우, 내가 갚을 수 있다는 자신감이 설 때만이 할 수 있는 일이다. 그런 자신감이 없이 보증은 무모한 일이다. 돈 앞에는 인격도 없다. 돈이 거짓말을 하게 만드는 것이지 사람이 거짓말을 하는 것이 아니다. 돈은 내가 땀 흘려 성실하게 번 돈이라야 가치가 있다. IMF 때 부도가 나서 거지가 된 사람을 많이 보았다. 대개 지나친 욕심 때문에 그렇게 어려움에 빠진 사람들이었다. 과욕은 반드시 근심을 낳는다는 옛 성인의 말을 기억하기를 바란다.

그리고 모든 것을 참고 기다리는 자세를 갖기 바란다. 사람을 쉽게 비판하지 말고 오랫동안 그 사람을 이해하고 기다리는 삶이기를 바란다. 감정에 따라 쉽게 흥분하고 쉽게 칭찬하는 그런 경솔함을 범하지 않았으면 한다. 사람은 사람을 얻을 때 가치있는 삶이 된다. 나를 존경하는 사람이 없다는 것은 서글픈 일이다. 사람이란 술이나 물질로 얻을 수 있는 것이 아니다.

신뢰와 덕망으로 얻은 것이라야 한다.
 마지막으로 자녀들을 앞에서 끌고 가는 마차꾼이 되지 말기를 바란다. 부모는 어디까지나 자식들의 소질과 적성을 발견하고 도와주는 입장이 되어야 한다. 왜냐하면 어머니의 모태에서 이미 아이의 미래가 이미 결정되어지기 때문이다. 교육이라는 것은 결국 아이의 삶의 일부분을 도와주는 것이지, 삶의 전체를 바꾸어주는 것이 아님을 명심했으면 한다.

용 서

 남산골에 용모가 준수한 서른 살의 노총각이 칙칙하게 살아가고 있었다. 한 때는 화려한 집안이었지만, 조부가 모함을 받아 가세가 기울기 시작하면서 끼니조차 해결하기 어려운 처지가 되었다. 그런 가세家勢였으니 장가인들 들 수 있으랴.
 그런 그에게 어느날 횡재가 찾아왔다. 그것도 세도가의 집안에서 요새말로 아파트까지 사 주겠다는 좋은 조건으로 중매가 들어온 것이다. 꿈인가 싶었다.
 드디어 눈 내리는 어느 추운 겨울날, 결혼식이 올려졌다. 그리고 꿈같은 첫날밤이 왔다. 그런데 한 밤이 되자 신부에게서 진통이 시작되는가 싶더니 아뿔싸! 사내아이가 태어나지 않은가. 이 무슨 날벼락이란 말인가. 신랑의 분노는 이만저만이 아니었다. 그리고 혀를 깨물었다. 그는 신부를 향하여 "이 결혼은 없는 것으로 하자"는 말을 냅다 지르고는 불끈 일어섰다.

그때 신부가 흐느끼면서 애원하였다.

한 번만 용서 해 달라고 울면서 호소하였다. 애원하는 그 눈빛이 너무도 처절하였다. 마음 좋은 신랑은 차마 그 청을 뿌리칠 수가 없었다. 한참을 생각한 신랑은 자기 한 사람만 입을 다물면 많은 사람이 행복해 질 것이라는 판단이 들었다. 평소에 아이를 얻지 못해 고민에 빠졌던 고모님의 얼굴이 떠올랐다. 순간, 신랑은 결심했다. 피가 묻은 아이를 들쳐 업고 눈길을 향하여 고모님 댁으로 달려갔다.

신랑은 아무 일이 없는 것처럼 집으로 돌아와 신부를 아내로 맞이하였다. 그리고 아내를 극진하게 사랑해 주었다.

나중에 신랑은 정승이 되고 가문을 크게 일으켰다.

그 신랑은 모 김씨의 시조다.

그 어머니

K교사.

그는 유복자로 태어나 홀어머니 밑에서 자랐다. 30에 청상과부가 된 그의 어머니는 오직 아들 하나만을 희망으로 일생을 불살랐다. 아들은 자라서 대학을 졸업하고 드디어 교사가 되었다. K의 어머니는 온 세상을 얻은 듯 기뻐했다. 금이야 옥이야 키운 아들에게 하숙 밥을 먹일 수 없다며 평생 직업인 바느질 일을 그만두고 아들 따라 시골에 내려와서 밥을 해 주는 일로 낙을 삼았다.

어느 날 저녁, 걸음걸음 산책길에 나선 길이 K교사의 집에까지 이르렀다. 대문을 열고 들어섰다. 그러나 인기척이 없었다. 신발이 놓인 것으로 보아 사람이 있는 것 같았다. 이상한 생각이 들어서 문을 열어보았다.

방안은 밥상이 뒤집힌 채 난장판이 되어 있었다. 찬이며 그릇이 온 방안에 나뒹굴어 있었다. 그리고 그의 어머니만 넋을 잃은 채 멍하니 허공을 바라보고 있었다.

그 뒤로 나는 K교사 집을 다시는 들리지 않는다.

지금도 K교사 어머니의 표정을 잊을 수가 없다. 상실감과 좌절감으로 멍하니 천장을 바라보던 넋 잃은 그 얼굴을.

2부

촌상수제
국향
'결' 타령
전설처럼 피어나는 그리움을 안고
별처럼 꽃처럼
구름
마음은 달이 되어
마음
기다림
노인과 바다
병상기
깊은 밤 사각거리는 진한 고독
죽송
황룡강이 우는 사연

촌상수제

세 개의 사과

사과나무에 세 개의 사과가 열려있습니다.

하나는 새鳥의 몫이고, 하나는 벌레蟲의 몫이고, 나머지 하나는 인간人間의 몫입니다.

그런데 인간은 그것을 혼자 독차지하려고 독한 농약을 마구 뿌려댑니다. 파라치온도 뿌려대고 크라목손도 뿌려대고 랏소도 뿌려댑니다.

그리고 그 독이 든 과일을 먹어댑니다.

지독한 인간 같은 이라고.

잔소리

성품이 깔깔한 황 노인.

마누라의 잔소리가 정말 싫다.

자동차 안에서도 잔소리요, 수염을 깎지 않아도 잔소리다. 심지어 많이 먹으면 먹는다고 적게 먹으면 먹는다고 잔소리다.

그런데 그런 마누라를 잃은 지 일년,

창틈으로 스며드는 겨울바람이 황 노인의 옆구리를 차갑게 찌른다.

외출을 하기 위해 넥타이를 매면서도 무언가 잃은 것 같은 허전함이 가슴을 민다.

방안에 적막만 감돈다.

"약주 좀 적게 들고 오시오." 라는

그 잔소리가 너무 듣고 싶다.

눈처럼 산다면

하얀 눈이 내립니다. 티 없이 새하얗습니다.

그러나 눈은 그대로 머물러 있지 않고

자신을 녹여 물이 되어 대지를 씻어주고 먼지를 씻어주고,

하늘로 올라가 다시 비가 되어 초목을 키웁니다.

인간도 눈같이 산다면,

그렇게 살아간다면.

파도

파도는 바람으로 인하여 생긴다.

바람이 없으면 파도는 사라진다.
파도는 존재하는 것일까.
존재하지 않는 것일까.

물 속의 달
호수에 달이 떠 있습니다.
호수의 달은 달이 아니라 그림자입니다.
그림자는 빛이 없으면 사라집니다.
그런데도 사람들은 물 속의 달을 긷기 위해 허덕입니다.
오늘도.
내일도.

無知
처녀라고 하면 누구나 순결하고 깨끗하다고 생각한다.
그러나 "감시자가 없는 가축"이라는 불란서의 속담을 상기해 볼 필요가 있다.
예수를 십자가에 매단 사람들을 잔인무도殘惡無道한 사람이라 생각한다.
그러나 정작 그를 처형한 사람은 아주 평범한 백성들이었음을 알아야 한다.
오늘도 하나의 체제, 하나의 이데올로기를 위해 순박한 군중들은 누군가를 십자가에 매달기 위해 동원되고 있다.

그러나 더 큰 비극은
자신들이 그러한 도구로 이용되고 있다는 사실을 아무도 모른다는 사실이다.

낮말은 새가 듣고
부정 정치인의 사정査正 바람이 끝나고 난 뒤,
후배 정치인이 선배 정치인을 찾아왔다.
"이번에도 용케 잘 넘긴 듯 합니다"
그 때, 선배 정치인은 얼른 손으로 입을 가리며
"쉿, 낮말은 새가 듣고 밤 말은 쥐가 듣는다."

덫
네온사인이 휘황찬란한 서울의 명동 거리, 동해 바다가 출렁거리듯이 그렇게 젊은이들로 출렁거립니다.
빨강색이 켜졌다가 노랑색이 돌고, 그러다가 파랑색으로, 또 다시 반복합니다. 찬란한 광경이 가슴을 전율케 합니다.
그 불빛을 볼 때마다 동해 바다 오징어잡이배의 황홀한 불빛이 생각납니다.
그 불빛은 바로 덫이라는 것을 그들은 알까 모를까.

주름 결
자글자글한 주름 결

나그네는 내게 묻는다.
그 고운 얼굴 어디에 두고 그렇게 주름살만 남겼느냐고?
나는 빙그레 웃어준다.
바보 같은 친구야!
열두 폭 치마를 멋스럽게 하고
금강산이 명산이 된 것이 주름 결이 아니겠느냐고.

사랑

두 가지 사랑이 있습니다.
하나는 태생적인 사랑이고 하나는 가미된 사랑입니다.
 태생적인 사랑은 누구에게나 발산하지만, 가미된 사랑은 선택적으로 주어집니다.
 우리는 어떤 사랑을 하면서 살아가고 있을까.

국향

    홀로 앉아 송엽차松葉茶를 마시며 굽어보는 국향이 청아롭다. 활짝 열어 놓은 서창書窓으로 바람결 따라 흘러드는 향기가 벅차서 들었던 찻잔을 자주 내려놓곤 한다.

    여유 있는 삶을 충분히 누리기 위하여 세 평 남짓한 뜨락에 국화菊花를 가득 채운 지 오래요, 그 아름다운 숙기淑氣에 끌려 허물없는 가우佳友로 사귄 지 수삼 년이다.

    지금 하많은 하루의 번뇌 속에서 그래도 세속에 초월하면서 안주安住할 수 있는 시간이요, 때묻은 마음을 손질하면서 내일을 바라볼 수 있는 옹골찬 순간이다.

    버려진 자갈땅 척박한 황토벌이라도 국화는 햇볕만 있으면 무륵이 자라서 문득 서리 찬 하루아침에 탐스러운 꽃송이를 암팡지게 피워낸다.

"한 송이 국화꽃을 피우기 위해 천둥은 먹구름 속에서 또 그렇게 울었나 보다"는 어느 시인詩人의 말처럼 이슬과 바람과 구름과 별빛을 벗삼아 긴긴 여름을 잘도 참아 준 끈기에 국화의 멋스러움이 엿보인다.

일찍이 예기월령禮記月令에 나타났고, 굴원초사屈原楚辭에 예찬하지 않았던가. "국화의 가佳는 모란 작약처럼 농염濃艶의 가佳는 아닌 동시에 하화荷花 같은 담징淡澄의 가佳도 아니다. 그익 가佳는 풍상風霜을 방시傚視하는 늠름한 영자英姿에 있다."고.

나는 국화꽃이 활짝 피어 있는 여염집 뜰가를 지나칠 때면 느슨한 정에 취해 종종 발걸음을 머뭇거리곤 한다. 어제도 다가공원多佳公園에 오르다가 외인촌 안에 탐스럽게 만발한 국화를 몰래 훔쳐본 적이 있다.

세속의 부귀와 공명을 초개처럼 떨치고 동쪽 울밑의 국화 몇 포기를 꺾어 들고 유연悠然히 남산을 바라보던 도연명陶淵明의 풍류를 닮고 싶어서일까? 나는 가을이 오면 국화를 기리는 시를 곧잘 왼다.

花雖不解語 我愛其心芳
平生不飮酒 爲汝擧一艶
平生不啓齒 爲汝笑一場
菊花我所愛 桃李多風光

푸른 달빛 속에 핀 국화의 고절孤節을 내려다보며 문득 정을 토해낸 정포은鄭圃隱의 국화탄菊花嘆이다. 그 뜻도 좋거니와 충신의 심경을 보는 것 같아서 내 집 뜨락의 국화철이면 되읊어 보게 된다.

어떤 이는 눈서리를 외면하는 국화의 숫기雄가 마음에 든다고 했다. 그것은 내가 동조하여 침잠沈潛하고픈 사연 중의 하나인지도 모른다.

국화는 교만하지 않다. 또한 화사하지도 않음이 그 천품天品이요, 미태媚態를 곁들인 유연柔軟한 몸짓마저 없으니 일러 단아한 기품이라고만 접어 두자.

새하얀 모시 적삼에 맵시 고운 여인처럼 청순淸純한 백국白菊, 갓 시집온 새댁이 볼을 붉히며 아미를 숙이고 있는 단심으로 고운 홍국紅菊, 정갈한 조선 여인처럼 숨결이 재워진 우아한 황국黃菊, 그래서 일찍이 옛 선비들은 매란국죽梅蘭菊竹을 사군자四君子에 넣어 오지 않았던가.

가을 바람에 살며시 고개 젓는 국화를 보면 절로 지락至樂의 경지에 잠겨 드는 자신을 느낀다. 가난하여 콩이파리를 뜯어넣고 하늘 비치는 밀죽을 쑤어 먹는다손 치더라도 국화꽃처럼 고매高邁한 한생을 마치고 싶다. 고뇌하는 인생人生, 나그네의 차가운 삶의 현실 속에서도 마음이 맑아 삶이 무엇이며 기쁨이 어디에 있는가를 더듬어 깨달을 수 있다면 우리의 여정이 결코 헛된 시간만은 아니라고 자긍自矜하게 된다.

높고 푸른 가을 하늘, 한 해의 풍요를 실감나게 해 주는 중양절重陽節.

달빛이 고향 땅 산정의 용마루에 미끄러질 듯 번뜩이던 밤이었다. 마당 한가운데에 멍석을 깔아 놓고 햅쌀로 갓 빚어낸 송편을 먹으면서 고아高雅한 국향菊香에 젖던 시절이 좋았다.

나는 가난하지 않다. 아무것도 가진 것이 없어도 탐스럽게 달린 국화 송이를 한눈에 바라보고 있으면 마음까지도 두둑한 부富를 얻을 수 있다. 원래 부라는 것은 뿌리 없는 나무와 같은 것. 가지고 있으면 있을수록 불안한 것이지만 내가 누리는 부는 기도처럼 정결하고 출렁거리는 달빛처럼 맑아서 언제나 누려도 속되지 아니하니 나만이 간직하는 정복淨福이라고나 할까.

높고 깊은 골짜기, 비옥하고 넓은 들, 맑은 물과 수려秀麗한 산, 그 위에 언제나 깨끗한 마음으로 국화꽃을 앞에 두고 산다면 그보다 더 아름다운 삶이 어디 있겠는가?

많은 사람들은 자기 인생을 즐기기 위해서 여가를 선용하여 취미를 살린다. 나 역시 아름다운 자연의 넉넉한 조화 속에 삶의 내적 리듬을 더듬으면서 자별스런 기쁨을 오래오래 지니고 싶다.

어젯밤 잠을 설치게 했던 귀뚜라미 소리와 함께 국화 향은 곧 거두어질 것이다. 지내 놓고 보면 침묵에 메마른 차가운 입술을 깨물던 한나절도 잠깐이듯이 청정淸淨한 국화의 운치도

덧없으리라. 그러나 만일 한가을에 마당가에서 토방 끝까지 운승격고韻勝格高한 국향菊香으로 도도滔滔한 대하大河를 이룬다면, 그 향은 담을 넘어 이웃까지 오붓한 기쁨을 누리지 않겠는가.

명년에는 더 많은 국화를 뜰과 분에 가득가득 담아 아침마다 부러운 시선으로 넘겨다보는 이층집 영감에게도 한 포기 보내주리라. 그리고 내 집에 자주 놀러 오는 문우들에게도 맑은 정을 분에 담아 건네주면서 국화처럼 속기俗氣 없는 우정友情을 오래오래 간직하자고 일러주리라.

(1980)

'결' 타령

하얀 이를 드러내 놓고 밀려들고 밀려나는 동해東海 바다의 푸른 '물결'이 그립다. 고추 내놓고 물장구치던 내 고향 포강 '물결'도 그립고, 가뭄 때마다 졸졸거리며 무논 적셔 주던 여시골의 그 '물결'도 그립다.

파란 불빛이 흘러내리는 법성포 해수욕장의 그 푸른 '물결'에 몸을 적시고 싶고, 서툴지 않게 대지에 쏟아내리는 쌍계사 계곡의 '물결' 소리도 듣고 싶고, 설악산 어느 둔덕에 피어 있던 빙화氷花의 '빙결'도 만져 보고 싶다.

인간은 모두가 어디서 왔다가 어디로 유유히 흘러가는 '바람결' 같은 나그네다.

창가에 흩날리는 낙엽을 바라보던 지난날 살아왔던 살진 추억追憶들이 '바람결' 따라 가슴으로 밀려온다. 기쁘고 보람 있었던 일, 서럽고 가슴 뜯기웠던 일들이 사랑의 연가戀歌처럼 조용히 와 닿는다. 어렸을 때 함박눈이 소복소복 쌓이던 새벽녘, '바람결' 따라 들리던 닭 울음소리는 꿈으로 남고, 달빛을 업은 낙엽이 소소한 '바람결' 따라 구르는 소리는 찐득한 시정詩情으로 남는다.

발자국 소리에 귀를 좇고 있으면 물바가지를 동당거리며 걸어가는 지난날 분이의 고운 '탯결'이 그립다. 갓 길어온 그 시원한 생수生水를 벌컥벌컥 한 바가지 마셔도 보고 싶고, 후적후적 얼굴을 씻어도 보고 싶다.

달빛이 치렁한 뜨락에 걸어가는 열아홉 순자의 '탯결'도 그립고, 우유빛 창가에 차곡차곡 쌓이는 낙엽을 바라보는 중년 부인의 '머릿결'도 아름답지 않은가. 그러나 정작 그립고 아름다운 것은 노랑 저고리에 남색 치마를 입은 촌색시의 '몸결'이 한없이 보고 싶다. 그때는 부츠도 없고 화장품과 복장이 형편없었지만, 연초록 하얀 동정에 선명한 빨간 치마폭 사이로 얼핏 드러난 옥색 고무신의 그 우아한 '탯결'은 오늘의 여인들이 감당해 낼 수 없는 아름다움이었다.

큰집에 가면 서당 아이들이 낭랑한 목소리로 사서삼경四書三經을 읽는 '소릿결'도 사랑스럽다. 활처럼 굽어진 나뭇기지가 탐스런 눈송이를 무겁게 이고 있는 적묵寂默 속에 싸여 있는 한낮, 새 잡는 산마을 아이들의 '소릿결'도 그립고, 언덕바지에 나뭇짐을 세워 놓고 유행가 가락에 지게장단을 치던 초동의

'노랫결'도 그립다. 농부가가 온 들녘에 구성지게 퍼지는 농부들의 '노랫결'도 그립고, 술만 들면 고래고래 소리지르며 경륜經綸을 외치던 털보 아저씨의 '목결'도 그립지 않은가.

지금 내 막내아이가 옆에서 쌔근쌔근 자고 있는 '숨결'이 들린다. 그 '숨결'은 나의 희망이요, 꿈이다. 이 '숨결'이 내 곁에 있는 한 나는 언제나 행복할 수 있다. 뼈를 깎는 역경 속에서도 나를 잘 보살펴 준 내 아내의 '숨결'도 다정하지 않은가.

시선詩仙 이백李白은 말했다. 광음光陰은 백대의 과객이요, 인생은 부세浮世의 '꿈결'이라고……

인생이란 찢겨진 낙엽처럼 그렇게 피어나던 성하의 무성함도, 싱싱한 푸르름도 흩어진 '꿈결' 속에 머물고 만다.

내 고향 고창高敞에는 '맘결' 고운 사람들이 살아갔다. 걸쭉한 전라도 사투리의 꾸밈없는 말투에는 넉넉한 '맘결'이 '정결'이 되어 내남적 없이 아름답게 살아갔다.

짜증이 날 때면 가난한 그때를 생각한다. 비록 생울타리 치고 토담집에서 살았지만 '맘결' 만큼은 늘 부하고 행복했었다. 이웃을 믿었고 친구들을 사랑했으며 서로를 고마워할 줄 아는 '순결'로 하늘이 봐도 무섭지 않을 정도로 정직했다.

춘향이의 쪽쪽하고 절개 높은 '뜻결'이 그립다. 지개志概 있고 고아한 정몽주의 '뜻결'도 그립고, 청상과부로 인생을 보냈던 내 당숙모님의 '뜻결'도 그립다. '뜻결'은 바로 지조요, 사랑의 표현이다. '그래도 나만은 값지고 보람 있는 인생을 살았

구나.'라고 외칠 수 있는 떳떳하고 자랑스러운 표상이다. 어찌 이들의 삶이 부럽지 않겠는가. 연륜年輪을 이마에 새겨 가면서 우리는 한번뿐인 인생의 길을 욕되지 않게 높은 '뜻결'을 간직해야 한다.

한 예술가가 작품을 위해 온갖 정열을 쏟듯, 내 어머니는 기왓가루로 놋그릇을 '윤결' 나게 닦았다. 이러한 일은 특히 명절이나 경사가 있으면 꼭 해내는 어머니의 일과였다. 규모 있고 짬짬한 어머니의 살림 솜씨는 세간을 '윤결' 나게 했고, 정념正念으로 살아가는 그 여여함에는 다른 사람의 마음까지도 '윤결' 나게 했다.

함박눈이 수없이 쌓이는 밤, 하얀 마음으로 '눈결'을 마주치며 그렇게 온밤을 지새우던 그녀를 잊을 수가 없다. 그녀는 인생을 곱게 살고 싶다고 했다. 인생을 예술처럼 살아가고 싶다고 했다. 그러면서 영롱한 '눈결'을 나에게 보내 주며 눈물을 찔끔거리던 그녀는 지금 어디서 살고 있을까.

'살결' 곱고, '탯결' 곱고, '맘결' 곱고, '뜻결' 고운 색시라면 한번쯤 치근덕거리며 '눈결'이라도 마주쳐 보고도 싶고, '살결'이 하얗고, '숨결'이 뜨거운 젊은이들과 이야기도 하고 싶다.

세월은 바람처럼 '얼결'에 흘러가 버리는 '꿈결' 같은 존재, 앞으로 남은 세월 '물결'처럼 유유하게, '나뭇결'처럼 고고하게 살아볼거나.

전설처럼 피어나는 그리움을 안고

진정 할 수만 있다면, 지금 당장 숨통 터지는 이 도시를 떠나고 싶다. 새의 날개라도 달고 미련 없이 훨훨 날아가고 싶다.

교통이 좀 불편하면 어떠랴. 버스가 하루 걸려 1회 왕복한다고 해도 좋다. 시장이 20마장쯤 멀리 있어도 좋고 큰비가 오면 옴짝 못하는 그러한 외진 곳이라도 상관없다.

창문을 열지 않아도 청풍명월淸風明月이 절로 들고 울타리가 없어도 마음 푹 놓고 살 수 있는 곳이면 된다. 그리고 마을 뒤로는 천년비경千年秘境이 깃든 울울창창한 숲과 산이 있고, 언제보아도 질리지 않는 기암괴석奇巖怪石이 그림처럼 펼쳐져 있었으면 좋겠다. 거기에 마을길 옆으로 사시사철 마르지 않는 시냇물이 줄레줄레 흐르고 이곳저곳에서 멧새들의 합창까지 공짜로 들을 수 있다면 그 아니 좋으랴.

그러나 이런 곳에서 나 혼자만의 외진 삶은 죽어도 싫다. 마을이 그리 크지도 작지도 않은 20여 호가 오순도순 살았으면 싶다. 하찮은 된장찌개라도 서로 나누어 먹을 줄 아는 인색하지 않은 사람들이 서로 사랑하고 서로 돕는 그러한 이웃이었으면 좋겠다.

마을은 뉘 집이나 초가집이었으면 좋겠고, 내 집은 마을 한가운데 널찍한 터를 잡고 있었으면 한다.

마을 중간쯤에 공동 우물이 하나쯤 있어야 하고, 그 곳에서 아낙들의 입을 통해 마을 소식도 어둡잖게 아내를 통해 들었으면 좋겠다.

마을 사람들은 부업으로 길쌈을 했으면 한다. 여름이면 모시베를 짜고, 겨울이면 무명베를 낳아 도시로 비싼 값에 팔아 궁색하지 않은 생활을 누렸으면 좋겠다. 그래서 밤이면 집집마다 산을 쩌렁쩌렁 울리는 베짜는 소리와 다듬이 소리를 함께 들을 수 있다면 그 아니 멋스러우랴.

집은 초가삼간에 사랑채가 딸렸으면 좋겠다. 안채와 조금 떨어진 사랑채는 대패질을 하지 않은 자연목 그대로 자연미를 살려지은 집이었으면 좋겠다.

나는 이곳에서 넓은 공간에 책들을 가지런히 보기 좋게 쌓아 놓고 읽고 싶은 책을 마음대로 읽고 그리고 나를 찾아주는 손님을 반가운 마음으로 맞이할 것이다. 그리고 방 하나는 응접실이라 이름지어 강화도산 고급 화문석을 깔아 놓을 것이며,

서재는 통나무로 된 의자와 책상을 손수 짜 놓을 것이다.

갱지로 도벽이 된 방 적당한 곳에 고풍스런 고서화를 몇 폭 걸어 두고 싶고, 밖에는 나무에 '夏林堂'이라 새겨서 걸어 놓고 싶다. 여기에 목침을 베고 잠이 들다 새벽닭 홰소리를 듣고 일어나서 글 읽는 재미까지 곁들인다면 그 아니 좋으랴.

넓은 뜰에서 감, 배, 복숭아, 앵두, 포도, 모과, 자두, 대추, 사과, 살구, 은행이 철따라 주저리주저리 열리고 거기에 초당草堂주위의 화목마저 때맞추어 더북더북 청향淸香을 토한다면 그 아니 즐거우랴.

뒤뜰에는 바가지로 떠 마실 수 있는 생수가 철철 넘쳐흐르고 그 하류에 그 물을 받아 연못을 만들고, 수련水蓮 덮인 호수에 어별魚鼈이 뛰논다면 이게 분명 선인의 삶이 아니고 무엇이랴.

밥상에는 언제나 신선한 산나물과 싱싱한 물고기가 오르고, 식사 후에는 과일즙과 따끈한 작설차를 마셨으면 좋겠다.

옷은 회색 두루마기에 무명 바지저고리가 좋겠고, 하얀 버선 발엔 만월표 흰 고무신을 신고 싶다. 여기에 낮에는 낚싯대를 드리우고 밤에는 책을 읽으며, 근심 걱정 모르고 아내와 함께 병 없이 곱게 늙어 가는 행복까지 누린다면 더없는 정복이 아니겠는가.

마을에는 나의 말벗이 될 수 있는 좋은 친구가 서너 명 있었으면 좋겠다. 그들은 바둑이 일 급쯤 되고 시작詩作도 문외한은 아니며, 난蘭을 가꾸는 취미 또한 수준급이었으면 한다. 그리고 술도 적당히 마실 줄 알며, 진한 농담 속에 해학이 절로 넘치는 재치 있는 친구도 끼였으면 더욱 좋겠다.

　가끔 먼 곳에서 심심찮게 불원천리不遠千里 나를 찾아주는 문우들이 있었으면 좋겠다. 그들은 2, 3일씩 묵어 가면서 시도 짓고 고담준론도 펴면서 떠나갈 듯한 웃음소리로 산골을 뒤집어 놓는 것도 좋으리라. 그리고 나를 늘 부러운 시선으로 보내주던 이들에게, 떠나는 날 노비 대신 내가 손수 가꾼 무공해 과일이며 산나물을 더북더북 싸주는 재미까지 누린다면 그 아니 호강이랴.

　세월이 흘러도 흐르는 것을 모르는 무진한 기쁨 속에 내가 좋아하는 취미 생활을 하면서 욕심 없이 신선처럼 살고 싶다. 그리고 때로는 촛불을 밝혀 놓고 인생을 생각하고, 때로는 별빛 가득히 흐르는 산길을 거닐면서 음풍영월吟風詠月을 하고 싶다. 거기에 전설처럼 피어나는 그리움을 가슴에 안고 산다면 그 아니 즐거우랴.

(1985)

별처럼 꽃처럼

꽃은 말이 없다. 하루 종일 지켜봐도 웃고 있을 뿐 말이 없다. 풀꽃은 풀꽃대로 나무꽃은 나무꽃대로 한결같이 입을 다물고 있다. 바람이 불어도 웃고 있고, 비가 와도 웃고 있다. 그 여여如如한 모습이 달인達人이요 청고淸高한 모습이 군자다.

새소리 지저귀어도, 물소리 요란해도 상관하지 않고 그대로 서 있는 꽃. 말을 하지도 않지만 듣지도 않는 꽃. 그런데도 어인 일일까. 꽃을 바라보고 있으면 마음이 평화로워진다. 그지없이 맑아진다.

그 옛날 칼라일과 에머슨이 서로 만나 인사한 뒤, 한 30분 말없이 앉았다가 일어서면서, "오늘은 참으로 재미있었으이…." 하였더라는 게 바로 이런 경지일까. 그들이 고졸한 묵교默交를 나누었다면 꽃과는 담백한 심교心交를 나누었다고나 할까.

　인간은 말과 말의 풍년 속에서 살아간다. 태어나면서부터 어머니의 말소리를 들어야 하고, 자라면서 자기의 의사를 전달하지 않으면 안된다.

　침묵으로는 단 하루도 살아갈 수 없는 세상, 듣기 싫지만 남의 말을 들어야 하고, 하기 싫지만 내 뜻을 전달해야 한다. 어찌 보면 교육이란 것도 말을 배우는 행위에 지나지 않는 것. 말의 기술을 익히고 말의 내용을 터득한다.

　요즈음은 제 나라 말만 가지고는 살아갈 수 없어서 남의 나라말까지 배우고 있다. 그러니까 16년 동안 고스란히 말을 배우는데 소비한다고 해도 과언이 아니다. 말 많은 세상, 말이면 다냐고 하지만 말에 기교를 섞어서 번드레하면 학식이 있다고 한다. 청산유수처럼 막히지 않고 그럴듯하게 꾸미면 달변가達辯家라고 한다.

　그런데 어찌된 일인가. 그렇게 잘 도색된 말일수록 진실이 없다. 잘 포장된 말일수록 피곤하고 역겹다. 아무리 성인군자 같은 말이라 해도 침묵이 더 좋고, 이왕 침묵이라면 꽃에서 느끼는 그 향이 더 좋다.

　꽃은 엄밀히 말해서, 그 누구나 무엇을 위해서 아름답게 피어있는 건 아니다. 애써 향을 토하는 건 더욱 아니다. 저 혼자 웃고 저 혼자 밝은 미소를 머금고 있을 뿐이다. 그런데도 사람들은 꽃을 보고 한없는 기쁨을 느끼고 더없는 위안을 받는다.

사람도 태어날 때는 누구나 한결같이 꽃과 같이 아름다운 심성을 가지고 태어난다. 맹자의 성선설을 끌어들이지 않더라도 착하지 않은 어린아이가 없듯 본래 선하지 않은 사람이 없다. 누구나 거울처럼 맑고, 호수처럼 깨끗한 마음씨를 가졌었다. 그야말로 무심무욕無心無慾한 상태였다.

그런데 어른이 되어가면서 점점 때가 끼고 먼지가 쌓였다. 거울에 먼지가 끼듯 욕심이 끼고, 옷에 먼지가 묻듯 마음에도 때가 묻었다. 그래서 그 때를 벗기고자 종교宗敎에 귀의하고 먼지를 털어내고자 수양을 한다. 신앙이란 바로 본래의 깨끗한 마음을 되찾기 위한 노력이다. 육체를 위하여 음식이 필요하듯 정신을 위하여 신앙이 필요한 것이다. 구슬도 갈고 닦지 않으면 하나의 돌멩이에 지나지 않듯 선천적으로 타고난 천성도 갈고 닦지 않으면 어둠에 빠지고 만다.

인간은 살아가면서 자신의 근본을 되돌아보는 슬기를 지녀야 한다. 자기 삶을 진지하게 성찰하는 여유를 가져야 한다. 자칫 허황되기 쉬운 게 인간이다. 윤기와 매력을 꽃과 같은 자연에서 배워야 하고 사랑에서 느끼면서 살아가야 한다. 마음이 열린 자라야 진리의 소리를 들을 수 있고, 사랑이 있는 자라야 남의 목소리를 경청한다. 작은 꽃 한 송이에서 삶의 진실을 찾아야 하고 세월의 흐름 속에서 겸손을 배워야 한다.

허망한 게 인간이다. 이 세상에 태어나서 먹고, 자고, 일하다가 죽는다. 그래서 인간은 무상하다고 한다. 거품 같은 삶이라고 한다. 그러기에 더욱 평화롭게 삶을 향수해야 하지 않을까. 더욱 겸손하고 경건한 삶을 살아야 하지 않을까. 인간은 꽃의 본성을 떠날 때 불행해진다.

우리는 사람을 대할 때 단점보다 장점을 찾아야 하고, 부정적인 측면보다 긍정적인 측면을 발견해야 한다. 서운한 감정은 물에 띄우고 고마운 감정은 등에 새겨야 한다. 그것이 꽃으로 돌아가는 첫걸음이요, 불성을 찾는 길이다.

이 세상 누구나 무엇이나 목숨을 지니고 태어났다는 것만으로 위대한 것이다. 쫓기는 가운데 마음을 텅 비우고 살면 꽃 같은 향이 저절로 일렁인다.

옛날에 복은 깨끗하고 사치하지 않는 곳에서 생기고, 덕德은 자기를 낮추고 겸손한 곳에서 태어난다. 그리고 도道는 편안하고 고요한 가운데 생기고, 수명壽命은 자연에 수순하고 언제나 평화로운 마음을 가지는 데서 우러나온다. 그리고 근심 걱정은 어디에서 태어나는가. 그것은 다욕과 탐욕에서 나온다. 그래서 옛 경전마다 욕심을 없애라고 경계했던 것이다.

언제나 한 생각이라도 착한 마음을 가지면 극락 세계가 될 것이요, 만일 한 생각이라도 악한 마음을 일으키면 삼천대천三千大千의 세계가 지옥 같을 것이다. 인간은 살아가는 동안 순간마다 착하고 선한 마음을 지녀야 한다. 마음이 평화로우면 만 가지 복이 저절로 오게 되고, 마음이 맑지 못하면 백 가지 화가 침범한다. 복이란 돈이 많은 가운데 얻어지는 것이다. 가난한 사람이 남의 부를 탐내면 도적의 마음이 일듯, 탐욕에 눈이 어두우면 세상이 저주스러워진다.

무명한 중생은 육신의 나를 마치 참 나眞我인 양 나에게만 집착한다. 자기만이 착하고 자기만이 잘나고 자신만이 잘살고 싶어하는 집착, 그것이 결국 자기를 고통스럽게 하는 것이 아니겠는가.

학자나 예술인이 돈에 관심을 가진다면 진실할 수가 없다. 돈은 사람을 움직이는 힘이 있고, 양심을 병들게 하는 마력이 있다. 그래서 이성이 눈을 감고 지성이 부패하는 것이다.

꽃은 언제나 봐도 아름답다. 그리고 진한 향으로 우리를 매혹시킨다. 그러나 그것은 꽃의 본성일 뿐 그 누구를 위해서 존재하는 건 아니다. 다만 꽃의 본성일 뿐이다. 그러나 꽃처럼 살고 싶다. 꽃처럼 목적 없이 밝게 살고 싶다. 꽃처럼 이웃에게 기쁨을 주고 싶다. 꽃처럼 그렇게 아름다운 삶을 가질 수는 없을까. 꽃처럼 향내 나는 인생을 살 수는 없을까.

(1987. 4)

구름

山中何所有

隴上多白雲

只可自怡悅

不堪持寄君

산중에 있는 것이라곤

언덕을 휘감는 흰구름뿐

그러나 나 혼자만의 기쁨

그대에게 보내 줄 수 없어 그래서 섭섭하다네.

구름은 아무리 바라보아도 싫증이 나지 않는다. 종일 하늘 위에 떠서 빈 마음을 채워 준다. 넓은 하늘은 이 구름으로 하여 풍만하다.

구름은 매일같이 어디론가 정처없이 흘러가고 흘러온다. 산마루를 오르기도 하고 계곡을 스치기도 하며 동으로 서로 지향없이 흐른다. 어떤 것은 급하게, 어떤 것은 천천히 한군데도 정착하지 않고 늘 이동한다.

구름의 모양은 엇비슷한 것 같으면서도 같은 것이 없다. 연기 같은 구름, 풀솜 같은 구름, 맹수 같은 구름, 파도 같은 구름, 봉우리 같은 구름, 냇물 같은 구름 등 구름은 변화무쌍한 신의 조화요, 한 폭의 잘 다듬어진 풍경화다.

나는 고개를 하늘 쪽으로 든다. 흰구름 한 덩어리가 뒤적뒤적 몸을 풀면서 기린봉 쪽으로 날아간다. 미리 정해진 계획이 실행되고 있는 양 유유히 흘러가고 있다.

하늘이 살아 있는 것은 구름 때문이다. 땅 위의 모든 자연이 존재하는 것도 이 구름 때문이다.

구름은 어린애같이 온순하고 부드러우며 평화롭다.

구름은 장엄한 힘이 있고, 굳고 단단한 결의와 의지가 있는 영웅과도 같다. 나는 산골 마을에서 산악에 걸린 구름을 바라보면서 자랐다. 솔나무를 꺾다가도 구름을 바라보았고, 꼴을 베다가도 구름을 바라보았다. 그러면 고된 몸도 풀리는 듯했고 지루한 한낮의 허기진 배고픔도 잊었다.

그런데 교육에 시달리고 시멘트 위에서 자라나는 오늘의 아이들은 하늘에 유유히 흘러가는 구름 이야기를 모른다. 토박하고 부드러운 흙의 향취를 모른다. 푸르고 싱싱한 나무와 풀들의 속성을 모른다. 그러한 아이들에게서 무엇을 기대하고 무엇을 바랄 것인가.

그 옛날 내 할아버지나 할머니께서 가끔 구름을 응시하시던 기억이 난다. 슬플 때도 그랬고 즐거울 때도 그랬다. 잿빛 구름을 쳐다보다가 무엇인가를 쓰기도 했고, 머리 위에 이는 구름을 보고 시절을 점치기도 했다. 어떤 때는 먼산의 구름을 바라보다가 마구리 없는 한숨을 토하기도 했고, 저녁놀의 분광을 바라보면서 흐뭇한 미소를 흘리기도 했다. 그 구름을 바라보면서 세상을 관망하면서 살아갔다.

구름도 인생처럼 여러 가지 모습을 가지고 있다. 성난 사람처럼 우악스럽게 폭우를 몰고 오는 구름, 하루 종일 찌푸린 얼굴로 낮게 떠 있는 구름, 파란 하늘 사이사이로 꽃잎처럼 여여如如히 떠 있는 구름, 쪽빛과 함께 잘 염색된 볕 좋은 날의 엷은 구름.

그러나 어느 구름인들 나와 친하지 않은 게 있을까. 폭우를 몰고 오는 구름은 박력이 있어서 좋고, 무겁게 햇볕을 가린 구름은 중압감이 있어서 좋다. 그리고 여여히 떠 있는 구름은 여유가 있어서 좋고, 엷은 구름은 주객일체의 조화감을 주어서 좋다. 아무튼 거기에 있기에 마냥 좋고 조화를 이루어서 흥미롭다.

나는 구름이 어디서 피어 올라 어디로 사라지는지 모른다. 또 알려고도 하지 않는다. 우리 인간은 어쩌면 이 구름 같은 존재인지도 모른다.

　슬픔도, 기쁨도, 재력도, 권력도 하늘 위에 떴다 사라지는 구름이 아닌가. 그래서 사람들은 무엇인가 남기고 싶어 몸부림친다. 어떤 이는 이름을 남기고 싶어서 댕돌에 쟁질을 하고, 어떤 이는 시신을 영원히 간직하고 싶어하며 호화 분묘를 만들고, 어떤 이는 많은 재산을 남기기 위해 두꺼운 금고를 둔다.

　그러나 제아무리 고관대작이라도 한번 가면 느끼지 못하고, 보지 못하고, 말하지 못하고, 생각하지 못하고, 움직이지 못하는데 다만 어리석은 행위일 뿐이다.

　나는 지금 고황산에 걸려 있는 구름을 바라본다. 흐느끼듯 호소하듯 밀려오는 구름을 바라보면서 그 옛날 고교 시절 친구의 첫사랑 얘기를 듣고 있는 것처럼 마음에 한 가닥 율동감을 느낀다. 이럴 때 내 인생이 비록 모멸스럽고, 유치하고, 비애스러울 지라도 흰구름은 동화처럼 내 마음에 빛을 주고 꿈을 심어 준다.

　고황산에 걸려 있는 구름이 어느덧 사라지고 또 하나의 새털 구름이 밀려온다. 그런가 하면 그 구름은 또 다른 구름에 합세하여 밀리다가 이미 떨어져 또 다른 구름과 함께 손을 잡는다. 그리고 고개를 돌려보면 또 다른 하늘이 열려 있다. 꼭 흩어지고 모으는 인생의 대열 같다.

　주나라 때 보장씨保章氏는 오색 구름을 보고 길흉吉凶과 수한水旱을 짐작했다. 푸른빛이 있을 때는 충蟲이 생기고, 흰빛을 띠었을 때는 상喪하고, 붉은빛을 띠었을 때는 병란이 생기고, 검은빛을 띠었을 때는 수해가 생기며, 누른빛을 띠었을 때는 풍년이 든다는 것이다.

그러나 나는 구름밖에는 한치 앞도 못 보는 인생, 구름처럼 흐르는 세월, 구름처럼 변하는 인간, 어제의 친구가 오늘의 적으로 변하고 오늘의 권자가 내일의 죄인으로 되는 세상, 천하를 정복한 나폴레옹도 구름처럼 변하는 세상에 목놓아 통곡했다.

그리고 장자는 "한 조각 구름이 뭉게뭉게 일어나는 것은 나生는 것이요, 한 구름이 멸하는 것은 곧 죽는 것이다."라고 했다.

생각해 보면 메뚜기 같은 인생이요, 하루살이 같은 삶이다. 그래서 세상 사람들은 인생을 무상하다고 했던가.

(1988)

마음은 달이 되어

대추 밤을 돈사야 추석을 차렸다.
이십 리를 걸어 열하루장을 보러 떠나는 새벽
막내딸 이쁜이는 대추를 안 사준다고 울었다.
송편 같은 반달이 싸리문 위에 돋고
건너편 성황당 사시나무 그림자가 무시무시한 저녁
나귀 방울에 지껄이는 소리가 고개를 넘어 가까워지면
이쁜이보다 삽살개가 먼저 마중을 나갔다.

이 시는 노천명의 장날이거니와 일 년 중 가장 사랑하고 아까워하는 추석이 오면 마음은 달이 된다.
 이날만은 그 까실까실한 '꽁보리밥'을 먹지 않아도 되고, 하늘 비치는 밀죽을 먹지 않아도 좋다. 땟국물 흐르는 무명베 적삼을 벗어도 되고, 땀물이 절벅거리는 고무신짝을 마루 밑 구석진 곳에 아무렇게나 처박아도 좋다. 날마다 들에 나가 쇠꼴 베던 망태를 내던져도 좋고 김씨네 큰 사랑에 열린 대추 한 알쯤 슬쩍 해도 되는 날이다.

울긋불긋 때때옷에, 손에 쥔 송편에 마음이 넉넉했고, 밤낮 너나없이 풍성한 먹거리에 마냥 뛰댈 수 있어서 좋았다.

그만큼 우리네는 너무 가난했고, 어린 나이에도 들에 나가 쇠꼴을 뜯어야 할 만큼 일이 많았다. 그래서 그 하얗고 매끈한 도시 아이들의 살성을 얼마나 부러워했던가.

월색이 내리는 전가田家의 넓은 뜰안, 희다 못해 푸른빛을 띠는 달빛을 깔고 한쪽에서는 윷놀이를 하고 한쪽에서는 그 희미한 달빛을 쳐다보며 저것은 토끼요, 저것은 절구라고 우기는 동네 머슴들의 입씨름도 들을 만했다.

그런가 하면 신곡新穀 막걸리에 기분이 좋아 점잖은 김 영감이 목청껏 뽑아대는 창도 들을 만했고, 대처에 가서 성공한 아들 자랑으로 침이 마르도록 떠벌리는 동촌댁의 이야기도 흐뭇하기만 했다.

교교한 달빛을 타고 흐르는 무장 양반의 퉁소 소리도 고아했지만, 건넛미을에서 구성지게 울려오는 농악 소리도 그만이었다. 거기에 아름다운 소녀들의 윤무輪舞가 있는 십오야의 달밤은 얼마나 아름다웠던가.

둥근 달이 동산에 숨차게 솟아오르면 부녀자들은 울긋불긋

한복을 곱게 차려입고 마을 후원으로 모여들었다. 한바탕 잔치가 벌어지는 대축제의 밤.

분가리마에 분홍빛 곤지가 꽃다웠다. 낭자 머리에 빨간 끝동 치마를 나풀거리며 그네 뛰는 아가씨들의 그 풍성한 몸매는 왜 그리 마음을 헐렁하게 했던가.

호수처럼 맑은 가을밤. 거기에 흐느끼듯 서럽게 서럽게 박꽃 위에 내리는 달빛. 그 아래 윷놀이, 널뛰기, 강강술래는 온 고을의 제전祭典이요, 인생 환희의 무도장이었다. 늘 안마당에서만 서성거렸던 최 참봉의 막내 손녀도 그날만은 옥색 고무신을 신고 나왔고, 서울 가서 신식 학교에 다니던 기와집 둘째딸 순이도 그 미끈만 몸매에 힐을 신고 총각들의 군침을 돌게 했다.

그러나 추석이라고 해서 다 즐거운 것만은 아니었다. 추석만 되면 눈썹 밑에 그늘이 만들어지는, 먼 족벌 되는 아주머니의 눈빛은 지금도 잊을 수가 없다.

시첩에 빠져 5년이 지나도록 발길을 멈춘 남편을 염념불망念念不忘 잊지 못하는 아짐! 그래도 추석이면 혹시나 해서 설빔을 차려 놓고 그 허허한 눈빛으로 달밤에 떠나버린 정인情人을 기다리던 추석은 내 아짐에게는 마냥 고단하기만 한 밤이었다. 그래서 추석은 서리서리 풀어내고픈 열아홉 처녀의 그 하얀 숨결 같은 것이라고나 할까.

눈물로 얼룩진 사랑도 영원한 향수가 있기에 그립다면, 가윗날 그 둥근 달 속에는 다정한 동심이 있기에 더욱 그리운 것이 아니겠는가.

 달이여, 보름달이여! 그 옛날 코흘리개들을 만나서 다시 그 시절 그 노래 부르며 윤무라도 추고 싶구나. 올 추석에는….

마음

 사람은 누구나 마음을 가지고 있다. 그러나 자기가 자기의 마음을 모르듯이 남의 마음도 모른다. 모르는 것이 곧 마음이다. 생각해 보면 얼마나 다행한 일인가. 만약 인간이 다른 사람의 마음을 들여다볼 수 있다면 어떻게 될 것인가. 생각만 해도 끔찍한 일이다.
 우리는 다행히 마음의 밑바닥을 서로 볼 수가 없다. 참으로 위대한 신의 섭리요, 자연의 조화다.
 마음이란 눈으로 볼 수 없고, 손으로 만져 볼 수도 없고, 코로 냄새 맡을 수도 없다. 입이 마음을 대신하고 행동이 마음의 시녀가 될 뿐이다. 그러나 그것이 진짜인지 가짜인지 아무도 모른다. 오직 그 사람만이 안다.
 행동과 언어가 진짜 마음이 아니라는 것을 발견했을 때 우리는 심한 고뇌에 빠진다. 그리고 한없는 회의와 갈등을 느낀다. 허무와 아픔도 함께 배운다.

세상의 모든 것이 수시로 변하지만 마음도 변한다. 시간에 따라 변하고 감정에 따라 변한다. 하루에 열 번, 스무 번씩 변할 때도 있다. 정말 알 수 없는 것이 인간의 마음이다.

어제 작심했던 것이 오늘 달라지기도 하고, 오늘 맹세했던 것이 내일이면 언제 그랬느냐 싶게 변하기도 한다. 그래서 옛 속담에 "변소 갈 때 마음 다르고 나올 때 마음 다르다."고 했는지도 모른다. 정말로 인심人心은 조석변이다.

천년을 두고 변치 않으리라 다짐했던 우성도 순식간에 변하며, 당신이 아니면, 오직 죽음이 있을 뿐이라는 연정戀情도 시간이 흐름에 따라 변한다. 그래서 의리를 배신한 우정도 있고, 인정을 망각한 인심이 있으며, 사랑을 배반한 여인도 있다.

그러나 일월성신日月星辰처럼 변하지 않는 성삼문成三問 같은 충신의 마음이 있고, 춘향이 같은 절개가 있으며, 논개 같은 충절이 있고, 관숙 같은 신의의 마음도 있다. 누구나 이러한 마음을 부러워하지만 좀처럼 되지 않는 게 또한 인간의 마음이다.

따지자면 인간은 잘나고 못나고가 문제가 아니다. 배우고 못배우고가 중요한 게 아니다. 그 마음가짐이다. 아무리 의젓하고 똑똑한 사람이라도 마음 씀씀이가 변변하지 못하면 무슨 쓸모가 있겠는가. 지엄한 고관이나 심오한 학문을 터득한 사람이라도 마음이 바르지 못하면 사회의 독소가 될 뿐이다.

웃음이 없다는 것은 마음에 여유가 없다는 것이다.

세상을 부정적으로만 보는 것은 마음이 좁은 탓이다.

세상을 슬픈 눈으로만 보는 것은 마음이 닫혀 있기 때문이다.

세상을 저주하는 것은 마음에 사랑이 없기 때문이다.

모든 것은 마음에서 일어난다. 낙樂도 고苦도 마음의 심저心底에서 유출된다.

마음이 좁을 때는 물 한 방울, 바늘 하나 들어갈 수 없을 정도로 좁다. 그러나 넓을 때는 하늘보다 높고 바다보다 넓다. 좁을 때의 마음은 사랑이 깃든 군자의 마음이요, 자비가 자리한 불심佛心이다. 그래서 우리는 순간적으로 군자도 되고 악인도 된다.

내 마음이 깨끗하면 세계가 깨끗해 보인다.

모든 예술의 짙은 향기는 맑은 마음에서 비롯된다.

내 집 여덟 자 방에는 '심청사달心淸事達' 이라는 액자가 걸려 있다. 어느 해 졸저 길이라는 수필집 발간 기념으로 서예가 변산邊山 김윤길金允吉 선생께서 주신 것이다. 글씨도 마음에 들거니와 그 뜻이 더 좋다. 그래서 마음이 괴롭고 무슨 일이 잘 안될 때 살펴본다. 그러면 마음이 한결 여유가 생기고 평온해진다.

항상 밝은 마음을 가지고 있으면 생활이 즐거워진다. 맑고 평화로운 마음을 가지고 있으면 마음에 율동이 인다. 그러나 탁탁濁한 마음을 가지고 있으면 어쩐지 괴롭고 쓸쓸하다. 우리가 만일 잘못을 저질렀을 때는 어쩐지 양심에 눌려 고통을 받는다. 그러나 좋은 일을 했을 때는 나도 모르게 기쁨을 느낀다. 우리가 일부러 그렇게 하는 것도 아닌데 왜 그런지 모르겠다. 도대체 마음이란 무엇인가.

화엄경에는 마음과 부처와 중생이 차별이 없다고 한다. '심불중생 시삼무차별心佛衆生 是三無差別'이라고 했다. 그리고 선인들은 마음이란 본래 깨끗하여 삶과 죽음이 없는 열반정적 그대로 영영소소靈靈沼沼하다고 한다. 그러나 나같은 속인으로서 어찌 그 마음을 알 까닭이 있겠는가.

다만 항상 밝고 깨끗한 마음으로 불평 없이 살고 싶고, 부드럽고 훈훈한 마음으로 용서하며 살고 싶다. 자기가 자기를 용서하듯 이웃을 용서하고 남을 꾸짖듯 또한 그렇게 나를 질책하며 살고 싶다.

그리하여 맑은 하늘 아래 얼굴을 들어 한 점 부끄러움 없는 생활을 즐기는 여여한 마음으로 한생을 누리고 싶다. 그러나 그게 어디 쉬운 일인가.

기다림

삶이란 무엇인가? 기다림이다.

우리는 하루에도 몇 번씩 무엇인가를 기다리며 산다.

친구를 기다리고, 애인을 기다리고, 편지를 기다리고, 퇴근 시간을 기다린다. 기다림은 희망이며 꿈이다.

잘난 사람은 잘난 대로 기다림이 있고 못난 사람은 못난 대로 기다림이 있다. 재벌은 재벌대로 벅찬 기다림이 있고 소시민은 소시민대로 뿌듯한 기다림이 있다.

생각해 보면 바늘 한 땀도 안되는 인생이요, 즐거움보다는 슬프고 괴로운 일이 많은 게 인생이다. 그러면서도 무엇인가를 절실하게 기다리지 않고는 한순간도 살 수 없는 인생이다. 비록 가슴 뜯기우는 슬픔이 있고 어렵고 괴로운 일이 닥쳐올지라도 기다린다는 것은 즐겁고 보람찬 순간이다.

나는 지금 송홧가루 휘날리는 창가에 앉아 친구가 보내 준 작설차가 끓기를 기다리고 있다.

아내를 따라 아이들도 외출해 버려 아무도 접근하지 않는 무료한 이 시간, 휑한 공간 속에 숨을 죽이고 현관문을 활짝 열어 본다. 크고 탐스런 모란이 진한 빛을 사방에 뿌리고 있다. 이 꽃이 지고 장미가 향을 토하면 문우들을 불러다 놓고 술잔을 기울일 수 있는 그때를 기다리고 있으니 이 어찌 묘재(妙哉)가 아니랴.

기다림, 그것은 우리의 삶의 애인이며 팔짝 뛰는 우리의 심정이며 바가지로 쏟아 붓는 향훈이다.

어쩌면 인생이 태어난 것도 이 기다림을 위해서인지도 모른다.

더위에 찌들린 사람은 억새밭을 휩쓰는 가을 바람을 기다리고, 추위에 떨고 지친 사람은 내 목숨에 한가닥 푸른빛을 더해 주는 여름을 기다린다. 춘하추동 모든 것은 기다림 속에서 맞이하고 기다림 속에 지나간다.

사람과 사람 사이, 사람과 물질 사이, 자연과 인간 사이, 기다림의 계기는 어떤 숙명이라 해도 좋다. 그 아무도 기다림을 철저히 배반할 수 없다.

옛날 옛적에 설날을 기다렸던 것은 모처럼 입을 색동저고리와 맛있는 찰떡 때문이었을 것이고, 눈동자가 자꾸만 감기는데도 화롯불에 앉아 잠 못 이루는 것은 묻어 놓은 고구마 때문이었을 것이다. 초등학교 때 운동회 날을 목메도록 기다리는 것은 순이와 손잡고 뛸 수 있는 즐거움 때문이었을 것이고, 귀뚜라미가 한밤을 울면서 지새는 가을을 기다리는 것은 뒤란 감나무 가지에 주렁거리는 홍시를 먹기 위해서일 것이다. 그러나 지금에 기다린다는 것은 그러한 꿈과 낭만보다는 모처럼의 휴식을 취할 수 있는 휴일이나 기다리고 있으니, 이쯤되면 어느덧 나도 멋없는 사나이가 되었나 보다.

시집간 딸이 근친 올 때 마을 앞 고갯길을 넘어서는 모습을 보며 눈물 흘리는 어머니의 안쓰런 기다림이 있었고, 한양천리 과거 보러 떠난 낭군을 기다리는 여인의 가슴 조이는 기다림이 있었다.

사랑의 진수는 기다림에 있다. 오래오래 지치도록 기다려 보지 않은 사람은 사랑을 말할 자격이 없다. 사랑은 기다림 속에서 익는다.

임이 오시길 기다리다 지쳐서 그 자리에서 돌이 되었다는 망부석! 그 기다림은 이토록 절실하고 간절하다.

> 오세요 당신은 오실 때가 되었어요
> 어서 오세요
> 당신은 당신이 오실 때가 언제인지 아십니까
> 당신이 오실 때는 나의 기다리는 때입니다.
> – 한용운

길고 긴 기다림 끝에서의 만남, 얼마나 가슴 벅차고 뿌듯한 일인가. 오랜 인고 속에 이룬 소원, 얼마나 지치도록 기다린 바람인가.

이렇듯 기다림에는 윤기가 있고, 사색이 있고, 반성이 있고, 후회가 있고, 회고가 있고, 내일로 지향하는 생명이 있고, 영혼을 달래는 자신이 있고, 행복을 구가하는 순간이 있다.

나는 매일 많은 사람의 기다림을 목격한다. 일감을 기다리는 지게꾼, 주당을 기다리는 주모의 밝은 얼굴, 아침을 기다리는 파수꾼, 비 오는 날 정류소에서 남편을 기다리는 아내, 당첨을 기다리는 복권 소지자, 전부 우리의 이웃이요, 다정한 내 형제들이 아닌가. 이처럼 우리의 이웃들은 모두가 소중한 기다림으로 살아간다.

나는 어렸을 때 봄이면 푸른 보리가 패기만을 기다린 때도 있었다. 그때의 유일한 소원은 먹는 일이요, 풍성한 가을이 되기만을 고대했다. 그때를 생각하면 오늘을 살아가는 사람들은 얼마나 행복한 시대를 향유하는가.

언젠가 학교에 출근하니 두 사람의 학부형이 나를 기다리고 있었다. 한 사람은 전학 문제로 나를 기다리고 있었고, 다른 한 사람은 가출한 자식을 기다리다 지쳐 나에게 호소하기 위해서였다. 나는 두 사람에게 마음이 상하지 않도록 친절하게 대해 주었다.

기다림에는 내일이 있고, 꿈이 있고, 희망이 있고, 낭만이 있고, 보람이 있다. 기다림이 없는 생활은 살아도 사는 향그러운 맛이 없다.

결혼 초의 일이다. 처가에서 한 통의 편지가 아내 앞으로 왔다. 결혼하고 받는 처음의 편지라 나나 아내나 기쁨을 감추지 못했다. 그러나 편지를 다 읽고 난 아내는 처음의 설레임과는 달리 시무룩해졌다.

"여보, 무슨 내용이기에…."

"어쩜 일찍 편지도 하지 않구선…."

"왜 그래요?"

"내일 친정 어머니께서 오신다지 않아요."

"그런데 그게 어떻다는 거요."

"아이 참, 기다리는 즐거움이 없잖아요."

이처럼 기다리는 즐거움이란 행복한 순간이요, 생의 '림프'이며 싱싱한 표현이다.

봉급을 타는 날보다 기다리는 그 전날이 더 좋고, 애인을 만났을 때보다 기다리는 그 순간이 더 행복하다.

참고 기다리지 못해서 얻어진 불행으로 가슴 아파하는 사람을 나는 잘 안다. 그녀는 자신이 죽이고 싶도록 밉다고 했다. 그리고 남편의 잘못을 추궁할 아무런 이유도 없다고 했다.

인간의 숱한 비극은 기다리지 못하는 데서 온다.

조금 행복하다고 해서 웃고, 조금 불행하다고 해서 슬퍼할 필요는 없다. 모든 것은 다 기다림의 뜻이요 신의 섭리가 아닌가. 그래서 나는 오늘도 정돈된 마음으로 모든 것을 기다리며 살 수 있는 기쁨이 있다.

노인과 바다

 가을이 되면 내 고향의 들과 산에는 이름 모를 풀꽃으로 성시盛市를 이룬다.
 그 누구도 기다려 주지 않고 손잡아 주지 않는 고아孤兒 같은 풀꽃. 그러나 철이 되면 어김없이 피었다가 말없이 시드는 풀꽃. 굳이 이 이름 알아 무엇하랴. 보아주는 이 없어도 원망할 줄 모르는 풀꽃인 것을.
 짙푸른 하늘 아래 무한한 공간 속 땅의 후박을 가리지 않고 아무데나 흐드러지게 피어나는 풀꽃. 자신의 운명運命마저도 원망할 줄 모르고 자연 앞에 수순隨順하는 풀꽃. 나는 그 꽃이 좋아 어릴 때, 산이며 들을 망아지처럼 얼마나 쏘다녔던가. 때로는 그것을 어루만져 주기도 하고 때로는 코끝에 대고 그 향에 취해 보기도 하였다.

파아란 달밤 후미진 모퉁이에 아프도록 외롭게 피어난 고운 풀꽃, 어쩐지 나는 그 꽃을 바라볼 때마다 한恨 많은 내 아버지를 생각했었다.

우정은 떨어지면 만나고 싶고, 물건은 없으면 더 갖고 싶다던가. 하지만 풀꽃은 호젓한 고독이 배어 있어 그것을 사랑하고 싶어진다. 그래서 비 오는 날 우산도 없이 그 산길을 자꾸만 걷고 싶어지는 것이 아니겠는가.

니체가 그랬던가. "삶의 이유를 가지고 있는 자는 어떻게 해서든지 살아갈 수가 있다."라고.

그렇다. 풀꽃은 혹한의 겨울도 잘 참아내고 서러운 풍상도 인종忍從한다. 그것은 흡사 눈비 가리지 않고 해가 뜨면 들에 나가 일하고, 해가 지면 잠자리에 드는 내 아버지의 모습이 아니던가.

그 많은 잡초 속이 비정한 인간 세계라 한다면 저 풀꽃은 그것을 딛고 일어선 기품 있는 한 도인道人이라고나 할까.

너무 야멸차게 세련된 시정市井의 손때가 묻지 않아서 좋고, 상술에 부대끼고 닳아진 화상花商의 잇속이 염색되지 않아서 좋다.

어느 날 새벽, 산길을 걷다가 나는 그만 발걸음을 멈추고 하마터면 소리를 지를 뻔했다. 좁쌀만한, 정말로 아주 작은 풀꽃이 덤불에 가려 햇볕도 받지 못한 채 그렇게 피어 있었다. 헤쳐 보니 너무나도 고운 분홍 빛깔, 어떤 몹쓸 인연으로 이렇게 천형의 틀 속에 갇혀 있어야만 하는가. 와락 끌어안고 울고 싶었다.

또한 풀꽃에는 고향을 떠나온 나그네처럼 깊은 슬픔이 깔려 있다. 바람에 알게 모르게 고향으로 실어 보내는 애틋한 여심女心, 그러면서도 너무도 담담한 선인禪人다운 그 표정.

누군가가 그랬다. 꽃을 보면 마음이 맑아진다고. 그러나 도시의 길거리에서 볼 수 있는 수돗물 먹고 자란 꽃이 어찌 사람의 마음을 맑게 할 수 있으랴.

흡사 그것은 사람의 손에 만들어진 마네킹 같은 것. 그래서 들길 풀꽃을 바라보면 탁한 마음이 청허淸虛해지고 우울한 마음이 쾌적해지는 게 아니겠는가.

바람이 불면 부는 대로 눕고, 비가 내리면 내리는 대로 맞는 풀꽃, 밟으면 밟힌 대로, 꺾으면 꺾인 대로 순종하는 풀꽃.

별이 내리는 외딴길에서 유성처럼 마음을 태우며 이룰 수 없는 사랑에 순종하는 풀꽃. 나는 그 꽃에서 내 아버지의 모습을 읽는다. 아버지의 가슴에 파도처럼 밀려오는 고독과 인종忍從과 그리고 한恨을 본다.

아버지는 학교라고는 문턱에도 가보지 못한 목불식정目不識丁이었다. 풀꽃이 그 누구의 보살핌을 받지 못했듯이 아버지는 부모로부터 사랑을 받지 못했다. 그래서 늘 어머니께서는 공평하지 못한 시부모님의 처사에 불만이 컸다.

아버지는 일만 알았다. 새벽 다섯 시만 되면 어김없이 일어나 쇠죽을 끓였다. 그리고는 동이 트면 들에 나가 일만 하다가 땅거미가 진 후에야 돌아오는 성실한 농군이었다. 하얀 무명옷을 입고 일하는 아버지의 모습을 보고, 나는 들에 한 떨기 외로운 풀꽃 같다고 생각했다.

아버지의 손은 풀잎처럼 거칠고 뿌리처럼 강인했다. 추운 겨울날 맨손으로 땔나무를 해 오셨고, 그 넓은 들밭도 아버지 손으로 가꿔졌다. 무엇이든 아버지 손이 닿기만 하면 말끔히 치워졌다. 들에 핀 풀꽃野生花처럼 그렇게 보호받지 못한 손이었다.

혹시 마을 사람들이 공동으로 쉬는 날이라도 그냥 있지 않았다. 무엇인가 했다. 마당에 나가서 두엄을 장만하기도 했고 장작을 패기도 했다.

그러한 아버지가 어느 날 한숨을 쉬며 집에 돌아왔다.

"이 까막눈, 까막눈이 웬수야…."

아버지는 이불을 쓰고 우셨다. 그날 이후 아버지는 더욱 일만 알았다. 논일, 밭일, 산일 등 억척스럽게 일만 했다. 한잠도 쉬지 않고 담배를 입에 꼬나문 채 일만 했다.

어느 날 내가 새참을 가지고 들에 갔을 때 아버지는 나를 보시더니,

"너는 다음에 아버지 같은 농사꾼이 되어서는 안돼."

짤막하면서도 투박한 말 한마디….

나는 그때 그것이 무슨 뜻인지를 몰랐었다.

아버지는 내가 학교에 다니는 걸 자랑스럽게 생각했다. 내 통신표의 성적이 떨어져도 관계하지 않았다. 학교 다닌다는 그 사실만으로 만족했던 아버지.

아버지는 욕심도 없었다. 언제나 남이 좋다는 대로 했다. 그래서 어머니께서는 늘 그것을 마땅찮아 했다.

아버지는 성실한 농사꾼이었다. 사랑과 관심을 갖지 못하는 풀꽃처럼 그 누구의 시선을 끌어 보지 못한 채 평범한 농군으로 살다가 갔다.

나는 그런 내 아버지를 두고 언제부터인가 《노인과 바다》를 떠올리곤 했다. 고기를 낚는 일 외에 아무것도 생각지 않는 것 같던 그 노인.

그래 '노인과 바다…'

그 노인이 바다의 이름 없는 풀꽃이 아니었던가.

그런 노인이 내 아버지가 아니던가.

(1985)

병상기

○월 ○일

얼마 후에 몽롱한 의식 속에서 깨어나다. 심한 통증에 자신도 모르는 신음소리를 마구 내다. 질퍽한 하수구에서 일어나려 애를 써도 몸이 말을 듣지 않다. 지나가는 사람이 구해 주다. 그리고 집에 연락까지 취해 주다. 참으로 고마운 분이다.

얼마 뒤에 아내가 숨을 몰아쉬며 처남과 함께 달려오다. 아내는 어찌할 바를 모르다. 처남의 등에 업혀 예수병원 응급실을 단숨에 찾다.

○월 ○일

새벽 6시. 완전한 내 정신으로 돌아오다. 간단한 타박상이라는 의사의 진단이 내려지다. 우선 안심하다. 그러나 믿어지지 않아서 두 번, 세 번 묻다. 역시 한결같은 무뚝뚝한 대답. 속으로 신에게 거푸거푸 감사드리다.

○월 ○일
간밤에 뜬눈으로 밤을 지새다. 통증이 밀릴 때마다 무서운 절망감이 나를 휘감다. 아무래도 잘못된 진단이거니 속으로 의심하다. 그러나 몸을 움직일 수가 없으니 어찌할 수 있으랴. 아내는 심하게 다친 몸을 그럴 수 있다며 나를 위로하다. 나 역시 그쪽으로 생각하고 싶어지다.

○월 ○일
일주일이 지났는데도 이렇다 할 차도를 발견할 수가 없다. 매일 파스를 수십 매씩 바르고 찜질을 해댔는데도 소용없다. 아내가 떠넣어 주는 밥을 먹으며 눈물을 흘리다. 확실히 의사의 오진誤診임을 판단하다. '내가 정말 병신이 된다면' 하고 내 처참한 육신에 대하여 생각해 보다. 앞이 아찔하다. 차라리 그럴 바엔 죽는 게 낫다고 생각하다. 아내와 아이들에게 미안한 생각이 들다.

○월 ○일
뒤늦게 학교에 결근계를 내다. 일주일이면 완치되리라는 기대는 허물어지다. 모든 것을 포기하다. 불가항력에 저항해 본

들 무슨 소용이 있겠는가. 어쩌다가 이토록 저주스러운 운명이 씌워졌는가 믿어지지 않다.

나는 원래 뛰어나지 못한 내성적인 성격에, 남을 그렇게 사랑해 본 적도 없고 미워해 본 적도 없는 사람이다. 그런데 신은 나에게 이토록 무서운 형벌을 주시다니 그저 울고 싶어지다.

○월 ○일

고향의 어머니께서 내 생일 쇠러 올라오시다. 정절편을 한 바구니 해 오시다. 가슴이 뭉클하다. 어머니께 아픈 표정을 보이지 않으려고 억지로 몸을 일으켜 보다. 그러나 일 분도 못 되어 도로 눕다. 어머니께서는 생일 달에 아프면 병이 오래 가는데 큰일이라면서 눈물을 글썽이시다. 나는 아무렇지 않다고 자꾸만 거짓말하다.

서울에서 춘이 전화 주다. 나의 병상 소식을 듣고 놀라다.

○월 ○일

내 반 아이들이 꽃을 사들고 몰려오다. 청순한 국화꽃을 보니 내 마음도 밝아지다. 새로운 학교 소식이며 반 아이들의 소식을 듣다.

아이들이 돌아간 뒤에도 그 아이들이 앉았던 자리에서 맑은 목소리를 무료히 생각하다.

잘도 조잘대는 순이, 항상 가정 사정 때문에 우울한 현이, 남의 일에 적극 앞장서는 연이, 이들은 항상 새떼처럼 교정을 밝은 웃음바다로 만드는 아이들이다. 그들의 말처럼 어서 일어나서 그들의 한 무리이고 싶어지다.

○월 ○일

아내의 성화에 더 이상 버틸 수가 없어 재진再診받기를 결심하다. 처남의 등에 어찌어찌 의지하여 택시에 오르다. 병원문에서 진찰실까지 가는 길은 맨발로 가시밭길을 걷는 만큼의 고통이 따르다. 대기실 의자에 앉기가 힘들어 눕다. 지나가는 환자들과 외래 진료객들이 힐끗힐끗 쳐다보다.

얼마 후에 정형외과 전문의 앞에 앉다. 중학교 학생이 훈육주임 앞에 끌려온 기분이 들다. 한참 X-레이를 쳐다보고 있던 그는 대뜸 왜 입원하지 않았느냐고 따지다. 가슴이 덜컹 내려앉다. 단순 타박상이라고 해서 퇴원했노라고 아내가 대답하다. 중추 11번이 압박 골절되었다고 자상하게 설명하다. 아내가 당황하다. 완치가 되자면 6개월 이상이 소요되니 움직여서는 안 된다고 당부하다.

곧장 집으로 오다. 몸을 움직인 탓인지 집에 도착하자마자 일진광풍처럼 통증이 엄습하다. 입을 꽉 다물고 참았으나 흐르는 눈물은 억제할 수 없다. 마음놓고 활동할 날이 올 것인가 그저 불안하고 초조하다.

○월 ○일

금선이와 은영이가 노랑 국화꽃을 사들고 병실을 찾아 주다. 선생님이 안 계시는 학교라, 가슴이 텅 빈 기분이라며 떠들어 대다.

꼴뚜기처럼 항상 생동감이 넘치는 1학년 5반. 그 하나하나의 아이들의 목덜미는 포동포동 윤기 흘렀고, 여고생답지 않은 장난기가 까르르 교실을 메아리치다. 그래서 교무실이나 교장실에서 가끔 나에게 날벼락이 떨어지기도 하다. 그렇지만 나는 상관 않고 아이들을 자연스럽게 방치하여 두다. 병석에 누워 있으니 그 아이들의 목소리가 더욱 그리워지다. 그리고 그 아이들과 가끔 어울려 무엇인가 조잘대는 자신을 상상해 보다. 병석은 모든 것이 그리워지는 것인가.

○월 ○일

저녁때 선과 정숙이 찾아 주다. 특히 선은 시간만 있으면 내 병상을 지켜주다. 때로는 다리도 주물러 주고 내가 부르는 글을 대필도 해 주고….

사실 나는 스승으로서 모든 게 부족한 사람이다. 인격과 지식 그 어느 하나도 구비하지 못한 사람이다. 그런데 이토록 나를 걱정해 주다니, 그들은 나의 허상을 보고 있는 것이다. 괴롭다. 진정한 스승이 되지 못하고 찌부러진 깡통과 같은 나의 거짓 형상을 그들은 보고 있는 거다. 부끄럽다.

○월 ○일

병이 차도 있는가 했더니 더욱 악화가 되다. 문병객이 올 때 약간 움직인 것이 큰 실수가 되다. 집안에 우수의 그림자가 가득 차다.

어떠한 희망보다는 절망 쪽으로 더욱 기울어지다. 차라리 죽고 싶은 게 솔직한 심사다. 아내의 입에서는 저절로 한숨 소리가 새어나오다.

"신이여, 저에게만 백에 하나라도 잘못된 일이 없게끔 손잡아 주옵소서."

몇 번이고 이와 같은 기도를 올리다.

○월 ○일

병자의 마음이 다 그런 것인가. 지푸라기라도 잡고 싶은 심정이다.

여느 때 같으면 아내의 치마 꼬리를 잡았을 것이다. 그러나 나는 그냥 방관하다. 아니 어쩌면 내가 더 원했는지도 모르다.

아내는 점쟁이한테 다녀오자마자 살풀이 준비를 서두르다. 대청도 깨끗이 청소하고 마당도 쓸고 그리고 밥을 담아다가 이곳 저곳에 놓다. 얼마 후에 점쟁이가 도착하여 나에게 다가와서 식칼을 휘두르며 주문을 외다. 무슨 말인지 알아들을 수 없었지만 마음이 후련해지는 것 같다. 아내의 얼굴에서 여느 때 찾아볼 수 없는 안도감을 엿보다.

○월 ○일

농협중앙회에서 전보가 오다. 수필 봄 나들이가 당선되었으니 시상식에 꼭 참가하라는 소식이다. 우선 기쁘다. 아내 역시 즐거움을 감추지 못하다. 모처럼 병상에서 크게 웃어 보다. 아내는 곧 나들이옷으로 갈아입고 서울에서 송금했다는 여비를 고향 농협으로 찾으러 가다.

이번 상금만은 헐벗은 아내의 내복도 사 주고 척추에 좋다는 독사라도 한 마리 사먹으리라.

○월 ○일

옆집에서 슈베르트의 아베 마리아 테이프를 보내 주다. 그리고 화영이네는 손수 과일을 사들고 찾아 주다. 아무튼 고마운 이웃들이다. 내 병상을 그들은 자기 일처럼 늘 걱정해 주다. 이렇게 따뜻한 이웃이 있는 한 나는 결코 외롭지 않다. 내 몸이 완쾌되는 날 일일이 찾아다니며 고마움을 표하리라.

시상식에 참가하기 위해 아내는 일찍 상경하다.

아내 없는 병상은 지루하고 더욱 쓸쓸하다. 부부의 진한 정이 가슴 깊이 느껴 오다. 서울에 간 아내가 자꾸 기다려지다.

○월 ○일

K부장이 남원으로 발령받다. 방송국을 통합하는 국가의 조치이고 보면 어쩔 수 없는 일이다. 전주에서는 늘 조석으로 만

났는데 섭섭하다. 언제나 내 말벗이 되어 주었던 좋은 친구다. 지금 전주에서 외롭지 않게 생활할 수 있는 것도 그 때문이다.

나는 많은 사람들을 두루두루 사귀지 못하고 있다. 활달하지 못한 성격 탓이다. 학창 시절에도 친구들이 극히 제한되어 있었다. 지나치게 고고하거나 자만하는 사람은 친구로 싫다. 서민적이면서도 자기를 내세우지 않는 진실된 사람들을 나는 가까운 친구로 지내고 있다. 그것이 잘못이라도 고치고 싶지 않다.

○월 ○일

교장 선생님과 서무 과장님이 찾아 주다. 침울한 마음이 좀 맑아지다. 스포츠맨 같은 교장 선생님은 커다랗게 웃으시며 학교 걱정은 말라고 당부하다. 곧 교장 선생님은 자리를 뜨시다.

갑자기 책이 보고 싶어지다. 孟子를 펼쳐 들다. 그러나 한 페이지도 못 읽고 덮다.

바깥 바람이 쐬고 싶어 창문을 열게 하다. 검은 하늘만 어둡게 보이다. 옥상에 올라가 바라보았던 다가산을 보고 싶다. 언제나 보아도 보기 싫지 않던 다가산. 언제나 오를 수 있을 것인가 마음이 성급해지다.

○월 ○일

"고난이야말로 영웅적인 세계"라고 파스칼은 말하다. 그리고 "신이여, 제 식탁에 소금을 거절치 마옵소서, 제 삶에 괴로움을 거절치 마옵소서."라고 읊은 시인도 있다.

내가 겪는 이 고통과 고난은 내일의 기쁨을 주기 위한 것이리라. 밤이 짙으면 새벽이 점점 가까워 오듯 나에게도 해뜰 날이 오리라. 그것을 나는 믿는다. 금이 간 내 중추뼈도 언젠가 다시 생성될 것이다. 새봄이여, 저에게 힘을 주옵소서.

○월 ○일

법성포法聖浦에서 한약방을 하는 양에게 소식을 알리다. 그는 가장 소중한 나의 고등학교 동기 동창생이다. 지금까지 20여 년 사귀어 왔지만 아무리 기분 나쁜 일이 있어도 화를 내는 것을 보지 못하다. 그만큼 마음이 너그럽고 침착하다. 그래서 오늘 같은 튼튼한 반석 위에 흔들리지 않는 기반을 구축한 것이 아닌가 하는 생각을 해본다.

오후에 김동필 선생과 김희선 그리고 임동조, 고창 홍판길 선생이 들르다. 수필 문학 창립 1주년 기념식에 왔다 가는 길이라면서 수필 문학에 대하여 진지한 이야기를 하고 돌아가다.

○월 ○일
아내의 얼굴이 까실하다.

아내와 만난 지 20년, 아내와 나는 너무나 닮은 데가 많나 보다. 성격이 그렇고, 얼굴이 그렇고, 태도가 그렇고, 마음이 그렇다. 성질이 모질지 못하고, 눈물이 많고, 마음이 나약하고, 남을 잘 믿는 등 서로 닮은 데가 너무나 많다. 다만 다른 데가 있다면 아내는 남편과 가정을 위해서 너무 자기 몸을 돌보지 않지만, 나는 그와 반대로 무계획적으로 살아가는 좀 허술한 사람이라고나 할까. 단잠도 제대로 자지 못하고 하루 저녁에도 몇 차례씩 병간호를 해야만 하는 아내. 어떤 때는 허물어지는 아픔 때문인지 식사마저 거르면서 나만을 위해 기도해 주다. 그러한 아내 보기가 민망하다.

○월 ○일

설하雪메 선생을 비롯하여 정덕룡, 김남곤, 소재호, 박동수 선생들이 바쁜 가운데서 찾아 주다. 병자의 마음이 다 그런 것인가. 눈물이 나도록 고맙다. 멀리 서울에서 춘이가 또 전화 주다.

○월 ○일

고향에서 숙모님께서 찾아 주시다. 가난한 살림에 사다 주신 쇠고기 한 근이 나를 울리다.

○월 ○일

큰아이가 치대에 합격하다. 우선 기쁘다. 당초 걱정했던 것보다 좋은 점수로 합격하다. 그러나 등록금 때문에 새로운 걱정거리가 생기다. 치대를 보내는 것은 오랫동안 나의 소원이다. 그 소원을 큰아이가 이루어 주었으니 그저 뛰는 듯 기쁠 뿐이다. 이 아이가 개업하게 되면 나는 가끔 찾아가 손님들에게 친절하게 대하도록 일러주리라. 그리고 가난한 사람에게는 무료로 치료해 주도록 말하리라.

○월 ○일
늦은 시간에 막내아이가 편지 한 통을 밀다.
"눈이 덮인 제석除夕이 묵화처럼 오고 있습니다. 진종일 여러 날을 얼마나 갑갑하실까! 부디 마음 조급히 하지 말아요. 거룩한 국사범의 냉동 감방살이를 생각하시고…. 지그시 꿈을 다지는 병상이시기를 빕니다. 봄은 또 어김없이 옵니다. 1980년 제석에 설하雪河"
내가 평소에 존경하고 따르던 설하 시인께서 보내 주신 편지다. 바쁘신 가운데도 나를 두 번이나 찾아 주신 것도 고마운데 글까지 주시다. 몸이 완쾌되는 대로 먼저 인사를 다녀와야겠다고 작정하다.

○월 ○일
함박눈이 오다. 아내를 시켜서 창문을 열다. 찬바람이 살갗에 와 닿다. 그대로 오래오래 마시고 싶다.
눈雪은 아름다운 시다. 눈은 아련한 추억을 가져다 주고 기쁨과 사랑과 낭만도 심어 주는 매개체다.

올 겨울은 유난히도 눈이 많이 내리는데 방안에 누워 있어야만 하는 자신이 더욱 민망하고 딱하다.

○월 ○일

병석에서 맞는 세모는 너무 쓸쓸하다. 많은 사람이 붐비는 시가가 자꾸만 연상되다.

오후 3시경 고향에서 부모님께서 오시다. 음침한 가정에 활기가 돌다. 자정이 넘어서야 인천에 있는 동생 내외가 도착하다. 역전에서 예까지 터무니없는 택시 요금을 주고 오나. 나쁜 상혼商魂이 밉다. 새벽까지 쌓인 이야기를 하다.

○월 ○일

교사란 직업이 얼마나 행복한가를 새삼 생각하다. 젊은이들과 늘 같이 생활한다는 것이 얼마나 행복한 일인가. 나이가 자꾸만 들어가도 늙음을 확인하지 못하는 것이 교사이리라. 항상 싱싱한 꿈에 젖고 낭만에 젖는 직업 그것이 바로 교직이 아닌가. 누워서 괜히 이런저런 생각을 자꾸 해보다. 수업이 끝나면 또 학생들이 찾아오리라. 역시 나는 행복한 사람이다.

○월 ○일

천정의 오색 금붕어가 빙빙 돌다. 지난 크리스마스 때 은정이가 선물한 것이다. 늘상 천정만 바라보고 있는 나에게 얼마나 답답하였겠느냐면서 손수 달아 주고 가다. 그 착상도 기발하거니와 우선 그 마음이 곱다.

은정이는 이름 그대로 수정을 떨어뜨려 만든 듯 그렇게 맑은 눈빛이 솟아나는 아이다. 공부도 잘하지만 노래도 잘 부르고 악기도 잘 다루는 귀여운 소녀다. 뒤로 젖힌 머리에 서늘한 웃음, 투명한 눈빛 등이 언제나 누가 따를 수 없는 청순함을 가지고 있는 아이다.

○월 ○일
다리가 쑤시고 마음이 아프다. 견딜 수 없다. 전에 없던 증세다. 아내가 주무르다. 그러나 시원치 않다. 아내의 노쇠 때문인가 생각하니 마음이 더욱 아프다. 다시 큰아이를 시켜 주무르게 하다. 시원하다.

고창에서 김왕식 친우가 찾아오다. 고맙다. 나에게 필요한 것은 형제애가 넘치는 따뜻한 마음이다. 나를 찾아 줄 만한 몇몇 친우들이 아직도 소식이 없다. 자꾸만 서운한 생각이 들다.

○월 ○일
눈발이 흩날리다. 오후에 날씨가 조금 풀리다. 얼굴이 보기 싫게 수척하고 다리가 젓가락같이 마르다. 의사의 말대로 조금씩 걷기 연습을 하다. 그러나 몸이 휘청거려 좀처럼 발을 뗄 수가 없다. 아내의 팔에 의지해서 하루 두 차례씩 걷기 연습을 하다.

○월 ○일

보족기를 짚고 학교에 출근하다. 누가 힐끗힐끗 쳐다보는 것 같은 생각이 자꾸 들다. 출근부에 날인만 하고 몸을 지탱할 수 없어 곧장 집으로 오다. 바로 자리에 눕다. 자꾸만 비참한 생각이 들다.

○월 ○일

몸이 불편한 사람에게 무리한 시간을 맡기다. 약간 비정하다는 생각이 들다. 어찌어찌 의자에 기대어 수업을 마치다. 학생들에게 미안하다. 퇴근하여 곧장 자리에 눕다. 눈물이 빙그르르 돌다. 아내도 눈물이 나는지 고개를 돌리다.

신이여, 저에게 힘을 주십시오. 힘을-.

깊은 밤 사각거리는 진한 고독

誰家玉笛暗飛聲

散入春風滿洛城

此夜曲中聞折柳

人不起何故園情

뉘 집이런가 은은히 들려오는 옥玉피리 소리

봄바람 타고 낙성洛城에 가득하고야

이 밤사 애달픈 이별의 곡조曲調

뉜들 고향 그리는 정情 일지 않으리.

옥玉피리 소리에 고향의 정情을 담은 이백李白이었다. 그러나 내가 그의 시심詩心에 젖었다면 어머니의 젖무덤 속에 묻혀 들던, 그 서럽도록 그립기만한 문풍지 소리를 담았을 것이다.

애절哀絶한 단소 가락보다 더 가슴 시리게 울던 문풍지. 왠지 자꾸만 눈물이 난다. 가슴 찢는다.

문풍지 소리엔 한국 여인의 마음이 있다. 아픔이 있다. 그리움이 있다.

달빛도 지쳐 서산으로 넘던 동짓달 긴긴 밤. 무서운 고독을 천심에 묻고 서러움에 목메던 밤도 문풍지는 그 한恨 많은 가락이 되어 울어 주었다. 한국인의 영혼靈魂, 그 맑은 향이 문풍지 소리에 어려 있다. 하얀 숨결이 되어 있다.

사랑하는 아내를 눈물 속에 남겨 두고 돌아서는 사나이의 가슴속에도 문풍지의 서러움이 있었고, 여윈 손을 차마 떨치고 방망이로 가슴 치던 참담한 인생길에도 문풍지의 슬픈 가락이 있었다.

달빛 쏟아지는 밤, 사랑하는 사람을 못 잊어 터질 듯 가슴 뜨는 정인情人의 마음에도 문풍지의 울음이 있고, 세속世俗에 때 묻지 않은 살결 같은 수녀修女의 맑은 눈빛 속에도 문풍지의 한 맺힌 곡조가 있다. 애절한 마음으로 낭군의 무사만을 비는 여인, 한국 여인의 밤은 바로 문풍지 우는 밤이었다. 겉으로 미소 짓고 속으로 우는 마음, 그렇게 애타는 밤이었다.

문풍시 소리를 회억回憶하던 난, 그런 할머니가 생각나고 그런 당숙모님이 떠오른다. 시집온 지 3년 만에 뜨거운 가슴 한 번 가누지 못하고 별거중 당숙께서는 헌 옷가지 벗듯 그렇게 이승을 훌훌히 떨쳐 버렸다. 소식을 듣고 단숨에 달려온 내 당숙모님은 마당 바위에서부터 서럽게 서럽게 울었다. 울음이 아니라 통곡이었고, 통곡이 아니라 숫제 핏물이었다. 그건 애잔한 문풍지 소리였고, 겨울밤 대숲이 사각거리는 진한 고독 같은 아픔이었다.

외양간에 매어 두었던 황소의 인경 소리도 멈춘 한밤, 어머니는 그 무서운 고독을 안고 그 머나먼 생촌샘까지 달려갔다. 쪽빛보다 더 맑고 깨끗하고 삽상한 정화수井華水를 떠다가 무슨 소원이 그리도 많은지 어머니는 두 손 모아 빌고 빌었다. 그때 '윙-' 소리를 내면서 울던 문풍지 소리는 왜 그리 내 어린 동심을 시리게 했던가.

다발로 쏟아지는 눈송이가 그리운 밤에도 찢어진 창호지 틈으로 달빛이 유혹하는 밤에도 어머니는 그렇게 정화수를 떠 왔고, 그때마다 문풍지는 약속이나 한 듯 어김없이 울어 주었다.

외로운 심궁深宮에 몸을 묻고 꽃을 봐도 웃음을 모르시던 내 당숙모님은 언제부턴가 옥빛처럼 하얀 백설이 다소곳이 내리는 밤이면 맑은 물에 머리를 감고, 몸을 씻고 천형의 한恨을 향하여 빌고 빌었다. 문풍지 소리 같은 그 푸르디푸른 슬픔을 가슴에 다독이면서.

언제부터였던가, 빨랫방망이 소리와 다듬이 소리가 멀어지면서 가옥 구조도 달라지고 문풍지 소리도 사라졌다. 그건 한국의 정서미가 달라진 것이요, 우리의 혼의 미美가 달라진 것이라고 해야 할 것이다.

그 누군가 춘향전을 구상하고, 김만중이 구운몽을 쓰던 밤도 어쩌면 문풍지가 소리 내어 떠는 밤이 아니었을까.

 문풍지 소리. 그건 따뜻한 정한의 그리움을 간직하고 있는 아픔이며, 인생무상의 비애가 찐득하게 파고드는 한恨이며, 갈증의 발치에 피어나는 외로운 국화 떨기다.

 겨울밤 부엉새 소리와 함께.

(1986. 11)

죽송

대나무는 사시사절四時四節 언제나 청청한 봄빛을 머금고 있어서 그만이다. 속은 텅 비어서 사심 없는 달인達人과 같고 마디마디에 충신의 절개가 깃들었다. 춥고 음침한 겨울이 와도 두려워하지 않는 여여如如함이 있고, 화려한 봄이 왔대서 경망하게 부화뇌동하지 않는 슬기가 있다. 어떠한 일에 기뻐하지도 않지만 슬퍼하지도 않고, 내색하지도 않지만 자만하지도 않는다. 유유자적悠悠自適 무구낙락無垢諾諾이다.

대나무는 예부터 선인들의 작품에 흔히 등장한다. 불사이군不事二君, 높은 충신의 지조志操를 대나무에 빗대었고, 불경이부不更二不, 맑은 열녀烈女의 절개를 대나무에 기탁했다.

可使食無肉

不可居無竹
無肉令人瘦
無竹令人俗
人瘦尚可肥
土俗不可醫
傍人笑此居
似高還似癡
若對此君仍大嚼
世間那有楊州鶴

식사에는 고기가 없을지언정
살림집에는 대나무가 없을 수 있겠는가.
고기가 없으면 몸이 여윌 것이
대나무가 없으면 사람이 속되네
사람이 여위는 것은 살찔 수도 있겠지만
속된 사람은 고칠 수도 없네
곁에 사람이 이 말을 듣고 웃더라.
고상한 듯 도리어 어리석다고
만일 대竹를 대하고 고기君도 먹을 수 있다면
어찌 세상에 양주학 이야기가 있겠는가.

굳이 소동파蘇東坡 영감을 닮으려는 뜻은 아니지만, 아무래도 그 마음 버릴 길이 없어 몇 해 전부터 죽분竹盆과 사귀어 오고 있다. 금년에도 시골집에 가서 오죽烏竹과 청죽靑竹을 구해다가 몇 폭 분에 담았다.

매란국죽梅蘭菊竹, 사군자를 다 가까이 할 수만 있다면 더없는 안복眼福이겠지만, 매화는 구하기가 힘들고, 난蘭은 기르기가 까다롭다. 하지만 대나무는 마음만 있다면 어디서든지 손쉽게 구할 수 있고 특별한 기술이 없어도 물만 잘 주면 그 청신淸新한 기품을 오래도록 완상玩賞할 수 있으니, 화목花木에 문외한인 나에게는 더없는 벗이 아니랴. 산사山寺의 뜰에서 나온 왕죽을 분에 담아도 좋지만, 여염집 울타리 밑에서 천신만고千辛萬苦 형극을 밟고 자란 졸죽拙竹을 분에 올리면, 그 운치 또한 무엇에 비길 것인가.

장미나 매화처럼 외화外華를 곁들이지 않은 청순淸純함이 있고, 어느 나무도 따르지 못할 속이 허적虛寂과 유여裕餘가 있다.

나는 대나무에서 죽림칠현竹林七賢의 청유淸遊를 배우고 선죽교의 그 의절義節을 본받는다. 그리고 그 이파리에서 안식安息과 한없는 청고淸高함을 엿본다.

번거롭고 잡다한 일상 속에서 대를 바라다보면 마음이 그지없이 청정淸淨해지고, 잠 오지 않는 밤에 댓잎 스치는 소리를 들으면 물씬한 시정이 안기게 된다. 뒤란에 심어 두고 보면 호젓한 산사山寺의 맛이 돌고, 대분에 담아 두고 보면 옥양목 스치는 맑은 여인의 음성이 들리는 듯도 하다.

안개 걷힌 외딴 마을 달그림자가 동천에 솟아오르는 밤, 대숲을 바라보면 짙은 묵향墨香이 사방에서 번져 오는 듯도 하다.

언젠가 석양 노을이 깔리는 저녁나절 바쁜 걸음으로 화초 가게를 지나다가 오죽분烏竹盆을 사들고 가는 노인이 그리도 멋스러울 수가 없었다. 바쁘지 않은 걸음이라면 손이라도 잡아 모셔다 드리고 싶은 마음이 솟음을 감당할 수가 없었다.

벗은 너무 가까이 있으면 정이 상하기 쉽고, 물건은 오래 지나고 나면 싫증을 느끼게 마련이다.

그러나 대분은 두고 보면 볼수록 청미淸味한 맛이요, 곁에 있으면 있을수록 청허淸虛한 선비의 멋이다.

모든 범죄란 삼독심三毒心 때문에 빚어진다. 즉, 무엇이든지 가지고 싶어하는 탐심貪心과 건뜻하면 화내는 진심瞋心과 한 길 앞도 못 보는 치심癡心에서 일어난다. 그러나 삼독심을 잘 다스리면 탐심이 변하여 복전福田이 되고, 진심이 변하여 덕성德性이 되고, 치심이 변하여 지혜知慧가 되듯이 내가 청죽淸竹에 탐닉했으니 마음 또한 그처럼 맑아질 것이 아닌가.

각박한 현실 생활에 끼여 차 한 잔을 앞에 놓고 청고淸高한 대를 바라보며 화경청적和敬淸寂한 분위기에 젖어 사는 내 삶이 더없는 정복淨福이라고나 할까.

사람이 한평생을 살아가자면 많은 우여곡절迂餘曲折이 있다. 그 험난한 길을 모나지 않게 살아가는 사람을 군자라고 하던가.

세속의 오욕에 묻혀 살면서도 항상 댓잎의 의취意趣에 젖어 인생人生을 닦아 살아간다면 그 또한 군자의 삶이 아니겠는가.

(1981)

황룡강이 우는 사연

갈재 계곡을 휘돌아 광산과 나주 쪽으로 쏟아내리는 황룡강.

어쩌면 승천하지 못한 한 마리의 황룡이 이무기가 되어 굼실대며 떠내려가는 그런 강인지도 모른다. 그러기에 전라도 땅에는 어혈이라 불러도 좋을 한恨들이 마을마다 구석구석 저녁 연기처럼 그렇게 피어오르는 것은 아닐까.

물이 모여 강을 이루고, 강이 흘러 물결을 이루면 사람들은, 그 주변에 삶의 터전을 잡아 강물 위에 노랫가락을 쏟았다. 그런데 어쩌자고 황룡강은 먹빛보다 더 어두운 그림자를 담고 오늘도 여울지며 흐르는 것일까.

옛적부터 제도적 행정적으로 내리 소외당하고 비바람에 갈잎 날리듯 왜곡된 편견으로 찬서리 속에 시달려 온 이 땅의 사람들. 전라 산천 어디에도 억울하게 당하고, 무지막지하게 당하고, 알면서도 모르게 당해 온 한 많은 이 땅의 개땅쇠들. 결국 견디다 못한 이 땅의 개땅쇠들은 거센 황토바람을 일으키고야 말았다. 정여립 사건, 동학농민전쟁, 그리고 한말의병활동, 독립투쟁, 통일투쟁, 광주의거에 이르기까지 시대의 부름에 언제든지 일어섰던 갈재 사람들이었다. 언제나 그들은 지배계급과 싸웠다. 그 결과 더 큰 압박과 죽음을 당했고 임자를 잘못 만난 황룡강은 언제나 탁류를 쏟아냈다.

오늘도 유유히 탁류를 흘려보내고 있는 황룡강. 그 옛날에는 선혈 같은 핏빛 울음을 쏟아내야 했지만, 이제는 악취 덩어리의 폐수까지 담아내는 신세이고 보면, 이 땅 사람들처럼 무던히도 팔자 사나운 불운한 강이라고나 할까. 아무튼 전라도의 어깨며 가슴, 허리를 풀어서 흐르고 있는 황룡강은 이 땅의 믿음이었다.

그 강이 흘러 메마른 황토를 기름지게 했고 그 강이 흘러 우리들의 한을 씻어 내었다. 풍요도 이 강 때문이요, 삶의 의미도 이 강 때문이었다. 슬픔을 기쁨으로, 좌절을 희망으로, 분노를 환희로, 침울을 설렘으로 바꾸어 놓은 강이었기에 늘 황금빛 물결이었다. 어미가 아이의 똥물까지 귀히 여기듯이 그래서 남도 사람들은 황룡강의 탁류를 이미처럼 사랑할 수밖에 없었다.

산을 끼고 끝없는 들판에 엉겨붙은 황룡강. 이 강은 남도의 동맥이자 개땅쇠들의 젖줄이었다. 앞섶 여미고 여미듯 안으로 슬픔을 여미었고 억세게 울고 싶어도 입술 깨물며 한을 다스려

온 이 땅의 통한의 강이었다.

하염없이 속절없는 그런 울음을 하릴없이 쏟아붓고 싶은 강이었다. 정여립이 죽어갈 때도, 녹두장군이 피울음을 토할 때도 황룡강은 핏빛 황토물을 토해냈다. 황룡강은 단 한번도 전라도 땅의 굽이굽이 서린 통한의 상흔을 증언하지 못했다.

숱한 고난 속에서 삶을 연 전라도 사람들. 그들은 북방에서부터 끊임없이 '살 만한 땅'을 찾아 남으로 남으로 내려왔다. 억세고 끈질긴 생존에의 진취정신으로 이 땅에 삶을 풀었다. 얼마나 대담하고 강인한 삶이었던가. 그들의 올곧은 의지는 언제나 변혁의 꿈을 담았는지도 모른다. 그렇다. 민주의 햇살이 이 땅을 중심으로 꽃피워 내는 일은 결코 범연한 일만은 아니리라.

그런데, 그런데 말이다. 장성 갈재의 산혈을 끊어서 그럴까, 아니면 산발사하散髮四下의 전라도 강줄기 때문일까. 이 땅에는 숱한 인재가 등장했다. 그런데도 제대로 한 떨기의 꽃을 피워내지 못하고 이슬처럼 사라졌다. 정여립이 그리고 전봉준이 그랬다. 그들은 확실히 역사의 희생물이었다. 그들은 결코 개인의 권좌 때문에 의기의 깃발을 들지는 아니하였다는 것을 안다. 그리고 이 땅은 결코 반역의 땅이 아님도 잘 안다. 그런데 그들은 모반죄란 이름으로 죽어갔다. 그러니 황룡강이 저렇게 서럽게 서럽게 울 수밖에 없을 것이다.

3부

명
알 수 없는 것들
알다가도 모를 세계
죽음
화안애어 和顏愛語
봄
통곡의 섬 독도
추억의 사진 한장
풍영정을 찾아서
어머니라는 존재
황 노인

명

1.

내 나이 여섯 살 때였던가.

어느 여름날 손 밑 남동생이 고열로 시달리다가 병원에 한 번 가보지도 못하고 닷새만에 죽어갔다. 그때 어머니와 아버지는 넋을 놓고 통곡하였지만 나는 왠지 눈물이 나오지 않았다. 그리고 그 죽음이 나와는 무관한 것으로 여겨졌다.

2.

어린시절, 많은 죽음을 보았다. 가난한 시골 사람들은 병원을 이용하지 못했다. 끙끙 앓다가 일어나지 못하면 고작 한약방에 가는 것이 전부였다. 그러다보니 악질에 걸리면 대개 죽어갔다. 어른보다는 저항력이 약한 어린 아이들이 참 많이도 죽었다. 내 어머니도 8남매를 낳았지만 겨우 4남매만 살아남았다.

내 나이 일곱 살 때, 태어난 지 일주일도 안 되어 사내 동생의 죽음을 또 목격하였다. 초등학생인 내 사촌 형도 맹장염으로 죽었다. 배가 아프다며 나뒹굴었지만 손쓰지 못했다. 영순이네 동생도, 숙자도 알지 못할 병에 걸려 죽어갔다. 나는 자라면서 죽어가는 어린 친구를 많이도 보았다.

그때부터 나는 하늘에 별나라가 있을 것이라고 막연한 상상을 하게 되었다.

3.

30대, 나는 중등학교 교사였다. 동료 가운데 참 건강한 사나이가 있었다. 나와는 참 절친했다. 그러다보니 퇴근길에 술집에 들릴 때가 많았다. 그날도 퇴근하면서 가볍게 약주 한 잔을 나누고 기분 좋게 헤어졌다.

그런데 다음날 아침 그가 죽었다는 비보를 받았다. 실감이 나지 않았다.

그때 나는 '인생은 무상하다'는 생각을 처음으로 갖게 되었다

4.

40대 후반에 들어서면서 나는 죽음에 대해서 비로소 생각하

게 되었다.

결론은 '죽음은 무섭다'는 것이다.
그리고 생각하기조차 너무 너무 두려웠다.

5.

50대에 나는 간염으로 오랫동안 앓았다. 간 수치의 상승으로 세 번이나 병원에 입원하였다. 좋다는 약은 다 구해다가 복용하였다. 그때 간염은 현대의 약으로 치료될 수 없는 병이라는 것을 알게 되었다. 마음과 정신의 안정이 무엇보다도 필요하다는 것도 깨달았다. 그때부터 나는 하나님에게 매달리기 시작하였다. 교회에 열심히 나갔다. 욕심과 미움을 내 가슴에서 걷어내고자 노력하였다. 건강은 몰라보게 호전되어갔다. 나는 성경을 구체적으로 공부하기 위해 신학대학원에 다니게 되었다.

이때부터 나는 죽음에 대해서 깊이 생각하게 되었다. 그리고 죽음은 나에게도 필요한 삶의 일부분으로 받아들였다.

6.

공자는 오십대에 천명을 알게 되었다는데 나는 육십을 넘기고 나서 비로소 천명을 알게 되었다. 그리고 죽음은 내 뜻과는 상관없는 순전히 하나님의 영역이라는 것을 깨닫게 되었다. 그 후로 죽음에 대해 준비하기 시작하였다.

먼저 내가 묻힐 곳도 마련해 놓았다. 그리고 후일, 혹시라도 있을지 모를 자녀들 간의 불화를 차단하기 위해서 내가 가진 재산을 6남매에게 골고루 분배하여 주었다. 서두르는 내게 아내는 불만스러워했지만 앞일을 모르는 나는 과감하게 단행하였다. 지금은 건강을 회복하였다. 참으로 감사한 일이다. 그리고 죽음은 신이 우리에게 준 최대의 아름다운 선물이라고 생각하고 있다.

7.
지금 나는 주 여호와를 내 주로 받들고 있다.

마음이 참 즐겁다. 만약 내게 하나님이 계시지 않는다면 지금 나는 죽음에 대해서 두렵고 떨릴 것이다.

그러나 죽음은 내게 있어서 천국 소망으로 가득 차 있다. 그래서 마음이 늘 평화롭다.

8.
나는 앞으로 몇 살을 더 살지 모른다.

내 마음 같아서는 추한 모습을 남에게 보이지 않고, 그리고 노욕을 갖지 않고 평화로운 마음으로 살다가 죽고 싶다. 그리고 건강하게 살다가 어느 날 갑자기 하나님 곁으로 갔으면 한다. 그러나 이것도 내 마음대로 할 수 없는 일임을 나는 잘 안다.

모든 것은 오직 하나님의 뜻일 뿐이다. 그래서 '命'이 아닌가.

알 수 없는 것들

1. 命

지인知人 가운데 대형 교통사고를 당한 사람이 있다. 일백여 미터의 고지에서 관광차가 뒹굴었는데 거의 죽거나 중상이었다. 그런데 딱 한 사람 지인만은 아무데도 다친 곳이 없었다. 그것은 신이 살린 것일까. 아니면 요행일까?

2. 美

아름다움이란 도대체 무엇일까. 틀어짐일까. 곧음일까. 휘어지고 뒤틀린 소나무가 아름다운 것 같기도 하고 일송정 푸르고 곧은 솔이 아름다운 것 같기도 하다. 나는 아름다움의 정체를 설명하라면 도저히 설명할 수가 없다. 하지만 수많은 인파 속에서 '아름다운 여인'을 골라내라면 금방 찾아낼 수 있는 예리하고도 투철한 시선을 가지고 있다. 참 '아름다운 것'에 대해 시각으로 인식할 수는 있어도 그 이유를 내 논리로는 명확하게 설명할 수 없다. 시선으로 가려낼 수는 있어도 명확하게 설명할 수 없는 그 미의 마법을 사람마다 갖추고 있다는 것은 이상하고도 묘한 일이 아닌가.

3. 진리

어린아이가 표주박으로 바닷물을 퍼내고 있었다.

그곳을 지나가던 신학자 성 어거스틴이 이상히 여겨 소년에게 물었다.

"넌 아까부터 바닷물을 퍼내고 있는데 무엇 때문에 그렇지?"

소년이 대답하였다.

"바다 물을 몽땅 퍼서 저쪽 강으로 옮기려고요."

어거스틴은 기가 막혔다. 그는 다시 물었다.

"불가능한 일이다. 저렇게 넓은 바다 물을 옮긴다는 것은…"

그러자 소년은 어거스틴을 향하여 물었다.

"그러시다면 선생님은 그렇게 작은 인간의 두뇌를 가지고 한없는 우주의 진리를 몽땅 알아낸 것처럼 말씀하시는지요? 바다 물은 많기는 하지만 한계가 있습니다. 그러나 진리라는 것은 한계가 없지 않습니까."

짧은 인간의 목숨, 그 가운데 우리들이 터득한 진리는 몇 푼

어치나 될까. 그리고 성인들이 설파한 진리의 양은 어디까지가 진실일까.

4. 점

이 세상에서 가장 미세한 먼지를 분자라고 부른다. 그렇다면 티끌을 먼지라 부르는데 그것은 우주를 이루는 원초적 생명이 아닐까. 모든 사물은 자연에서 태어나듯이 사물 또한 점에서 출발하는 것이라면 진리는 바로 점에 있지 않을까. 점이 이어져 선을 이루고 선이 합쳐져서 면과 입체를 이루고 나중에 거대한 형상을 창조해 낸다. 우리는 그것을 스크린에서 체험하고 있다. 브라운관에 먼지 같은 미세한 점들이 일정한 밀도로 채워져 있고, 거기에 일정한 빛을 가하면 화상을 만들어 낸다. 그러나 그것을 크게 확대하면 작은 점에 불과하다. 인간의 육체도 결국 쪼개고 쪼개면 하나의 미세 분자에 지나지 않는다.

따라서 장자가 말한 추호의 끝은 이 점을 말한 것이 아닐까. (天下莫大於秋毫之末 而大山傘爲小-추호의 끝보다 큰 것이 없기 때문에 태산은 작다). 그렇다면 장자는 이미 과학자가 아닌가. 장자가 살아있다면 물어보고 싶다.

5. 축제

인간은 한 덩어리의 육체를 가지고 태어난다. 새로운 생명의 덩어리 앞에 축제의 잔을 든다.

그러나 육체의 덩어리가 무지무지 자라면서 '의지'라는 '욕망'의 불덩어리가 동시에 자란다. 그것은 행동하고 말하면서 갈등과 분열을 일으키고 상대를 반목시킨다. 그래서 다시 '꿈'이라는 아름다운 말로 변신하면서 '행복'이라는 이름으로 포장된다. 결국 그 의지들이 '행복'을 손아귀에 넣는 순간, 가혹한 파멸과 허무의 운명이 덮친다. 그때서야 참 진리를 발견하게 된다.

이런 자연의 순리를 모르는 사람은 아무도 없을 것이다. 그런데 인간들은 진리에 순종하기보다는 '의지'라는 축배에 박수를 쳐준다. 그리고 그것을 가문의 영광으로 자랑한다. 그렇다면, 인간은 뻔뻔스러운 존재일까. 아니면 자랑스러운 존재일까.

6. 본능

인간의 본능은 구체적이면서 원시적이다. 그런데 도덕이라는 말로 그것을 차단하고자 하고, 예술이라는 이름으로 차단의 물꼬를 다시 터주고자 한다. 본능과 도덕과 예술 가운데 진짜로 인간이 지녀야 할 덕목은 무엇인가. 세 가지를 동시에 지킬 수 있는 사람이 존재할까.

7. 一者

원숭이를 알려면 원숭이가 되어야 하고, 여자를 알려면 여자가 되어야 하고 가난을 알려면 가난해 보아야 한다. 태양을 보려면 그곳까지 닿을 수 있는 시선을 가져야 하고, 악을 알려면 악독한 심령을 지녀야 한다. 그렇다면 아름다움을 보려면 자신이 아름다움을 지녀야 하고, 신을 보려면 자신이 신이 되어야 할 것이다. 그런데 사람들은 무엇을 안다고 한다. 참으로 웃기는 일이다.

8. 死

공자孔子는 세계 4대 성인聖人 가운데 한 사람이다. 그런데 그의 제자들이 죽음의 세계를 물었을 때 그는 "삶도 모르는데 내가 어떻게 사후死後의 세계를 말할 수 있으랴 未知生焉知死." 하였다. 정말 공자는 죽음의 세계에 대해서 몰랐을까. 아니면 윤회의 세계를 말한 석가는 공자보다 급수 높은 성인이란 말인가. 왜 그들은 죽음의 세계를 보다 더 구체적으로 언급해 놓지 않았을까.

알다가도 모를 세계

1. 묘妙

 우주에는 상上이 있으면 하下가 있고 명明이 있으면 암暗이 있고, 부富가 있으면 빈貧이 있고 천賤이 있으면 귀貴가 있다. 성쇠盛衰, 화복禍福, 대소大小, 선악善惡 남녀男女 등 한이 없다.
 세상의 모든 사물은 어김없이 양면으로 되어있다. 《사기史記》에 '재앙災殃이란 좋은 것이다.' 라고 기록되어 있다. "재앙이 없다면 아무리 재능이 뛰어나더라도 그것을 나타낼 기회가 없다."고 했다(해학열전). 텅 비어있지 않으면 채울 수 없고 채운 것은 기울게 되어 있다. 흥하면 다음은 망이 따르고 성이 끝나면 쇄가 온다. 세상은 참으로 묘하고 묘하다.

2. 신비神秘

불을 깡통에 넣어 마구 돌리면 둥그런 원이 된다. 그러나 사실은 불이 둥그런 것이 아니라, 워낙 빨리 돌기 때문에 우리의 눈이 그것을 식별 못할 뿐이다. 인간은 이렇듯 보이는 세계도 식별을 하지 못한다. 그런데도 사람들은 말한다. 불이 동그랗다고. 신이 보인다면 우리는 살만한 이유가 없을 것이다. 그것은 여자가 자신의 속살을 보이는 것과 같을 것이다. 신을 볼 수 없는 존재이기에 신비神秘의 세계다. 그렇다면 자신의 어리석음을 모르고 툭툭 내뱉는 우자愚者의 말까지도 어쩌면 신비神秘의 세계가 아닐까.

3. 하늘의 뜻은

정의를 위해 백이숙제는 고사리를 캐 먹다가 굶어 죽었고, 굴원은 초나라의 중신이었지만, 중상모략에 희생된 인물이다. 그는 억울함을 감당할 길이 없어 멱라의 강물 속에 투신하는 것으로 일생을 마감하였다. 공자의 제자 안회는 가난하게 살다가 서른에 요절하였지만, 이 세상에서 가장 악한 도척은 천수天壽를 누리며 호의호식하다가 한 생을 마감하였다. 하늘은 착한 사람 편이라고 말한다. 그렇다면 이런 억울함은 어디에 호소해야 하나. 그리고 하늘의 뜻은 무얼까.

4. 풍선

모든 사물은 성질 따라 움직인다. 물이 아래로 떨어지는 것은 낮은 곳에 처하기 때문이요, 풍선이 위로만 솟는 것은 높은 곳에 처하기 때문이다. 전자는 속이 꽉 차 있기 때문이라면 후자는 속이 텅 비어있기 때문이다. 그렇다면 나비처럼 자꾸 위로만 나르려는 사람들도 어떤 부류에 속할까.

5. 심판
대부분 많은 사람들은 살인殺人은 무서운 범죄라고 말한다. 그러나 나는 이 말에 동의를 하지 않는다. 전쟁에서 살인을 하면 박수를 받고 훈장을 달고 미소짓는다. 많은 사람을 죽이면 죽일수록 더욱 영웅이 되고 자자손손 대대로 영예가 따른다. 과연 신은 이런 사람들에게 어떤 판결을 내릴까.

6. 미추美醜
세상 사람들은 미美는 언제나 아름다운 것이라고 생각한다. 그 미美 속에 추醜도 함께 들어 있다는 사실을 생각하려 들지 않는다. 그리고 선善은 언제나 선善인 것으로 판단한다. 선善은 동시에 그 안에 악惡이 들어있다는 사실을 생각하지 않는다. 세상의 모든 것은 상대적이다. 악 속에도 선이 들어있고 선속에도 악이 들어있다. 미美속에도 추醜가 있고 추 속에도 미가 들어있다. 미스코리아의 결혼이 실패로 끝나는 것은 미 속에 추가 들어있기 때문일 것이다. 노자와 공자도 인간이다. 그렇다면 그들 속에도 추가 얼마만큼 들어 있을까.

7. 시소게임의 법칙

"화는 복으로 말미암고, 복에는 화가 숨어있다." 이는 노자 老子의 말이다. "복과 화는 문을 같이 하고, 이利와 해害는 상호 이웃이다." 이는 회남자淮南子의 말이다. 그렇다면 인간의 삶이란 고무줄 타는 시소게임의 법칙이란 말인가.

8. 독성毒性

두 권투 선수가 선열이 낭자하게 싸우고 있다. 양자 가운데 한 사람은 승자의 월계관을 쓰게 되고 한 사람은 패자敗者가 되어야 한다. 두 사람의 혈투를 바라보면서 관객들은 아우성이다. 더 치고 더 패라고.

관람자의 응원의 목소리에서 나는 번득이는 살의殺意를 느낀다. 그 목소리는 세상을 향하여 독성毒性을 마구 뿌려대는 독성毒聲이 아닐까.

9. 속 뜻?

인간의 정신은 행동을 낳고 그 육체는 그에 따른 행동을 강화시킨다. 따라서 인간은 어떻게 생겼느냐가 중요한 것이 아니라 무엇을 하느냐가 중요하다. 그런데 풍요 속에 살아가는 현대인들은 그 행동보다는 외모에 치중하려든다. 얼굴을 뜯어 고치고 다리를 늘리고 가슴을 칼로 도려내고 또는 더 붙인다. 자신을 인조인간으로 성형해서 어쩌자는 것일까. 전시물 인간이 되자는 것일까. 아니면 더 다른 깊은 속뜻이 있을까.

죽음

1.
태어남은 죽음을 전제로 한다.
고로 죽음과 삶은 하나다.

2.
현대인들은 날로 오만해져 간다.
그것은 죽음이 자신과는 무관한 일로 생각하기 때문이다.

3.
세상을 아름답게 살아가는 사람이 있다.
그들은 죽음을 상기하면서 사는 사람들이다.

4.
종교란 다른 것이 아니다.
사후에 복락을 준비하는 일이다.

5.
죽음은 인간이 마지막 갈 수 있는 아름다운 여행지다.
그리고 삶에 대한 추수요, 그 결과다.

6.
인간의 신분은 상하의 구별이 있다.
그러나 죽음은 누구에게나 평등하다.

7.
죽음은 새로운 세계를 체험한다.
그 세계는 천국과 지옥이다.

8.
죽음은 무로 돌아가는 것이 아니다.
인간의 탈을 벗고 영혼으로 환생하는 일이다.

9.
죽음은 인생의 결론이다.
그리고 엄숙한 평가시간이다.

和顔愛語

 많은 사람들이 종교를 믿고 의지한다. 어떤 이는 기독교를, 어떤 이는 불교를 믿는다. 그 가운데 평신도로 살아가는 사람이 있는가 하면 책임을 맡은 지도자로 참여하는 사람도 있다. 기독교에 장로가 있다면 불교에는 보살이 있다. 장로나 보살은 평신도들의 지도자로 상당한 덕망이 있어야 한다. 그런데 그렇지 않은 데서 문제가 발생한다.
 "오늘의 바람직한 보살상"
 내게 주어진 주제다. 이 주제에 접근하기 위해서 먼저 신앙의 본질적인 문제부터 짚고 넘어가는 것이 순서일 것 같다. 어느 종교나 마찬가지겠지만 종교를 갖는 목적이 선명鮮明해야 한다. 그러니까 '수행을 하기 위해서 불교에 입문했는가?' 아니면 '천당에 가기 위해서 불교에 입문했는가?' 부터 진지하게 접근할 필요가 있다. 만약 '천당에 가기 위한 믿음'이라면 영원한 보살이 될 수 없다. 신앙은 첫 단추부터 잘 끼워야 한다. 천국이 신앙의 목적이라면 그는 분명 가슴에 온갖 물욕으로 가득 채워진 사람일 것이다. 모든 종교적인 행위는 흥정의 대상이 될 수 없다. 부처님 앞에 시주하는 것도 그런 계산법이라면 신앙이 아니라 욕망이다. 자녀의 대학 합격을 위해서 갑자기 절간에 가서 불공을 드리는 행위는 수행과는 관계없다. 오직 상업적인 수치의 계산이다. 불교는 한 개인의 이욕을 채워주는 종교가 아니라, 참 인간이 되기 위한 수행의 종교다.

그러므로 보살이란 우선 수행에서부터 출발해야 한다. 자신의 마음과 정신을 닦고 자신의 행위를 되돌아보는 진지한 삶이어야 한다. 산 속 절간에 들어가 목탁 소리에 천배를 드리는 것이 중요한 게 아니다. 그것은 수행의 방법일 뿐 그 자체가 신앙은 아니다. 신앙이란 일상에서 이루어져야 한다. 부처님의 모습으로 나타나야 한다. 가정이 있는 자라면 먼저 가정에서 보여주어야 하고 가정이 없는 자라면 신도들에게 보여주어야 한다.

그 가운데 실천 방안으로 화안애어和顔愛語의 삶을 살아가야 한다.

꽃이 아름다운 것은 밝고 아름다운 모습을 우리에게 선사해 주기 때문이요 웃는 얼굴이 아름다운 것은 그 안에 자비가 들어있기 때문이다. 미소 담긴 얼굴로 이웃을 대하고 사랑이 깃든 부드러운 목소리로 말을 나눈다면 그는 이미 천국 백성이다.

한 농부가 한 그루의 과일 나무를 정성을 모아 건강하게 키운다면 가을에 벅찬 수확을 얻을 수 있을 것이다. 여름 내내 술이나 놀이에 탐닉해 과일 나무를 돌보지 않다가 가을에 풍성한 수확을 기대한다면 어찌 되겠는가. 천당이란 믿음의 행위 가운데 저절로 주어지는 가을의 수확과 같은 것이다. 그런데 천당 그 하나만을 목적으로 종교 생활을 한다면 그 탐욕의 신앙을 부처님이 받아들이겠는가.

항아리의 겉모양이 중요한 게 아니다. 그 안에 무엇이 담겼는가가 중요하다. 오물이 담겼다면 그것은 오물 항아리요, 보석이 담겼다면 보석항아리다. 속은 악취가 진동한 데 겉모양만 번드레하면 안 된다. 그 신분이 보살이고 그 신분이 기독교의 장로인데도 타인과 다를 게 없다면 허망한 믿음이 아니겠는가.

화안애어和顔愛語의 보살행은 어디서 나오는가? 먼저 그의 가슴에 빛이 들어가야 한다. 밤이면 우리는 가로등이라는 빛을 이용해서 길을 가고 전등불이란 빛을 이용해서 물건을 찾는다. 빛이 없으면 사물을 구별할 수가 없다. 빛이 존재하므로 비로소 사물을 식별할 수가 있다. 마찬가지로 보살의 가슴 속에 부처님의 빛이 꽉 차야 한다. 부처님의 빛은 지혜요 영안이며 사랑이요 자비다. 지혜 있는 사람은 자신의 허물을 볼 줄 안다. 영안이 있는 사람은 탐욕의 늪에서 헤매지 않는다. 사랑이 풍성한 사람은 이웃을 내 몸같이 아낀다. 자비가 넘치는 사람은 언제나 밝은 얼굴로 살아간다. 자비로운 행동은 저절로 나오는 게 아니다. 그의 가슴에 '빛'이라는 부처님의 지혜샘물을 넘실 될 때 저절로 용솟아나는 것이다.

  논어에 "임금은 임금다워야 하고 신하는 신하다워야 하고, 아버지는 아버지다워야 하고, 자식은 자식다워야 한다君君, 臣臣 父父 子子"라고 했다. 보살은 보살다워야 하고, 장로는 장로다워야 한다. 보살이 보살답지 못한다면 보살이란 허명을 가지고 살아가는 사람이다. 만약에 허명을 가지고 살아가는 종교적인 지도자라면 그 자체가 죄악일 수밖에 없다. 그러므로 종교적인 이름으로 남을 속이는 일이 죄 중에 제일로 큰 죄일 것이다.

(2005)

봄

 서글픈 인생이라고 탓하지 말라. 해마다 어김없이 찾아드는 봄이 우리 곁에 존재하는 한.
 나는 젊은 날, 일기장에 이렇게 적어 놓은 일이 있다.
 "누군가가 사무치게 그리운 것도 찬란한 봄날의 선물입니다. 그리운 사람에게 오묘한 눈짓을 건네고픈 수액이 가슴 밑바닥에서부터 출렁이는 것도 봄날입니다. 습습한 가슴이 꽃이 되고 꽃이 열매가 되어 소녀의 가슴에 젖게 되는 환상도 봄날의 선물입니다. 메마른 사람의 가슴에 강물이 흐르고 낙심한 인생에게도 삶의 힘을 갖게 하는 것도 봄입니다. 인생의 아름다운 향기를 도란도란 꽃 피워내고, 뜨겁고 화려한 희열을 느끼게 하는 것도 봄이 주는 선물입니다."
 윤기 흐르는 푸른 잎새, 새빨갛게 피어나는 동백꽃 송이송이, 솜털보다도 더 보드라운 봄바람, 가뿐한 차림으로 걸어가는 소녀의 자태, 이런 것들로 하여 우리의 삶은 행복할 수 있다. 나이든 사람에게도 진홍빛 가슴으로 출렁이는 것도 봄이요, 남은 정열을 태우지 못해 그리움이 외로움이 되는 것도 봄이다. 번거로운 일상을 접고 다정한 사람과 함께 산사를 찾고픈 마음이 이는 것도 봄이요, 연인과 함께 거닐었던 추억을 회상에 젖는 것도 봄이다. 비록 낮게 깔린 하늘 아래 음습한 바람이 일렁거리는 3월이지만, 지난 겨울의 먼지를 툭툭 털어낼 수 있다는 것만으로도 봄은 우리에게 큰 축복이다.

"복사꽃 한창이어라.
울긋불긋
요염하게 피어났네.
桃之禾禾, 灼灼其華"

―시경

복사꽃이 얼마나 화려하였으면 '요염하게' 피어났다고 표현했겠는가. 하지만 시상이 여기에만 머무른다면 시를 제대로 감상 못한 것이다. 복사꽃은 단순한 꽃이 아니다. 곱디고운 연인에 대한 비유다. 꽃이란 연정의 상징물이다.

산천에 꽃이 피어나듯 봄이면 우리의 가슴에 사랑도 피어난다. 어디론가 무작정 떠나고 싶고 가슴 속 깊은 곳에서 알 수 없는 그리움이 솟는다. 어디엔가 다정한 사람이 머뭇거리며 있을 것만 같은 환상에 젖어드는 것도 봄이 주는 아릿함이다.

봄날은 온 우주가 잔칫날이 된다. 산새들이 알을 낳기 위해 나무 가지 위에 집을 손질하고 들녘에서는 밭을 갈고, 땅 속에서는 만물이 벅찬 생명의 숨소리를 고르며 불끈불끈 대지를 밀어 올린다.

해마다 맞이하는 봄이건만, 봄은 언제나 새로움으로 나타난다. 산은 어제의 산이 아니요 화목花木도 어제의 화목이 아니다. 모든 것이 새롭고 신비롭다. 이런 봄날, 나는 속으로 이렇게 기도한다.

"생명의 창조에 무슨 허탄한 것이 있으리까. 맑고 빛나는 인간의 눈동자에 하나님의 섭리를 보게 하소서. 제아무리 곱게 살자고 해도 틀어질 수밖에 없는 삶의 선線들을 용서하여 주시옵소서."

신비롭다. 새 생명의 숨소리가. 누가 반겨주는 이도 없는데 언 땅을 헤집고 나오는 무수한 생명들. 애오라지 목숨 하나 보존하기 위해 그들은 무작정 고개를 내밀고 있다. 이렇듯 자연은 신비스러움을 우리네에게 가르쳐 주고 있는데 사람들은 그것을 외면하고 있다.

묘하다. 인간의 군상들. 그들은 생명의 신비로움보다는 어떤 권익과 자랑과 호의호식과 타인을 지배하기 위한 야망으로 신성한 삶을 괴물로 만들어 놓으면서 희희낙락하는 인간들이다.

 무수히 살아온 많은 날들, 속절없이 살아왔고 허망하게 살아왔다. 눈물 흘릴 줄 모르는 삶, 야박하게 살아왔던 지난날들이 슬프게 다가오는 봄이다.

 봄은 존재하는 것만으로도 큰 축복이다. 잃을 것 다 잃어버리고 가진 것 다 놓쳐버려도 봄이 존재하는 것만으로도 우리의 삶은 행복하다.

 꽃은 우주의 왕좌, 그러면서도 아름답다. 즐겁다. 산이 거기에 있어서 좋은 것처럼 봄이 거기 있어서 기쁘다.

 봄은 부산하다. 아침과 낮이 다르다. 해도 점점 길어지고 잔디밭 색깔도 도둑도둑 다르고 문풍지 사이를 뚫고 달려드는 바람의 기운도 다르다. 인고로 엮어진 소리없는 산부의 산실처럼 화사한 봄을 만들어 내기 위해 분주하게 움직이는 신의 목소리를 듣는 것만으로도 봄은 분명 신의 은총이 아니랴.

통곡의 섬 독도

예루살렘의 시가에 "통곡의 벽"이라는 역사의 현장이 있다. 유랑의 고난 속에서 헤매다가 이 곳에 와서 피가 흐르도록 이마를 찧고 통곡하면서 방랑의 아픔을 달랬던 이스라엘 민족의 비애와 서러움이 담긴 비극의 현장이다.

나는 독도를 내 품에 안고 예루살렘의 "통곡痛哭의 벽"이라는 이름이 떠올라 한참을 목이 메어 그대로 장승처럼 서 있어야만 했다. 삽상한 초여름의 햇살이 찬란하게 쏟아지는데도 내 가슴은 찬바람이 일어 견딜 수가 없었다. 이스라엘의 "통곡의 벽"이 관광객을 불러 모으는 구경거리가 되었듯이 내 땅 독도를 내 땅이라 당당히 부르지 못하고 허가 받은 관광객만 드나들 수 있는 현실이 납득되지 않아 그렇게 속울음을 울지 않을 수가 없었다.

일본은 러일 전쟁 때 강도로 돌변하여 우리 땅 독도를 불법으로 절취해 갔다. 그 뒤부터 그들은 야수처럼 자기네 영토라고 강변하고 있다. 그런데도 우리는 당당히 맞서지 못하고 일본의 눈치를 살피느라 울릉도를 분기점으로 독도를 중간수역에 넣는 우를 범하고 말았다. 일제 36년의 가혹한 형벌조차도 서러운데, 해방을 맞이한 우리들은 아직도 일본의 기세勢에 눌려 큰 소리로 대응하지 못하는 우리의 현실이 너무 참담해서 견딜 수 없다. 너무 치욕스러워 이 땅에 태어난 것이 부끄럽기까지 하다. 언뜻하면 '애국愛國'을 외치는 수많은 정치인들은 무엇을 하는가. 내 것을 내 것이라 부르지 못하면서 '애국'이라는 말을 과연 입에 담을 수 있단 말인가.

나는 독도를 내 품안에 꽉 껴안고 너무 서러워서 '꺼이꺼이' 통곡의 눈물을 한없이 쏟아내지 않을 수 없었다. 많은 시인과 예술인들이 '독도'를 내 땅이라고 목에 핏대를 세우며 시를 낭송하고, 꽹과리를 울려대는 그 자체가 어이없어서 나는 또 다시 통곡해야만 했다. 내 땅을 지키지 못한 부끄러움이 너무 한스러운데, 내 땅을 두고도 또 다시 일본을 향하여 '내 땅'이라 외쳐대야 만 하는 약자의 치욕이 너무 서럽다.

절벽과 절벽으로 이루어진 섬, 외로운 섬, 독도獨島. 얼마나 고달프고 힘들었으면 나무 한 그루 자라기를 거부하였으랴. 비바람이 얼마나 사나웠으면 독도라 불러주기를 자청했으랴. 독도獨島라는 그 이름이 말해 주듯이 어쩌면 태생적으로 우리의 비극을 담고 있는 역사의 현장임이 분명하다. 홍길동이 자기의 아버지를 아버지라 부르지 못한 한을 갖고 자란 것처럼 '내 땅'을 '내 땅'이라 당당히 부르지 못하고 일본의 눈치를 살피며 의붓자식처럼 대하여 왔던 섬. 그래서 버림받은 존재로 외롭게 해풍과 싸워오면서도 우리를 버리지 않은 민족의 영도靈島이다.

동도와 서도, 눈 아래 수십 낭떠러지가 차갑고 바윗덩어리에 살고자 뿌리 내린 그 풀숲이 위협이 너무 차갑다. 마른 돌덩이, 천길 절벽, 사나운 해풍, 무서운 바다빛깔, 모두가 처량하고 너무 가엽다. 그것은 어쩌면 우리 민족의 한恨은 아닐까.

아직도 분단의 비극을 벗어나지 못하고 있는 우리들은 언제 터질지 모르는 화산 속에 살아가고 있다. 북은 탐탐대고, 일본은 얌얌거리고, 중국은 엄엄대고, 러시아는 궁궁대고 있다. 어쩌면 독도의 벼랑 끝이 우리의 운명이라는 생각이 들자 참을 수 없는 비애가 나를 압살한다.

우리는 분명 다짐해야 한다. 독도獨島는 마지막 남은 우리 민족의 자존심이라고. 백두산이 우리 민족의 연원淵源이라면 독도는 우리 민족의 역사歷史라는 것을. 신비의 산이 백두산이라면 그 기상氣像을 담고 있는 섬이 독도다. 백두산이 성산이라면 독도는 영도靈島요, 백두산이 우리민족의 정신이라면 독도는 우리 민족의 고통의 현장이다. 절단된 국토, 억압당했던 조국의 아픔을 고스란히 간직하고 있는 섬이고 보면 우리에게 독도는 무엇과도 바꿀 수 없는 영지靈地이다.

독도를 내 입으로는 더 이상 표현하기를 거부한다. 야훼 하나님은 인간에게 계명을 내리기를 자기의 형상을 만들지 말라 했듯이 독도는 어쩌면 문장으로 담기를 거부하고 있는지도 모른다. 야훼 하나님이 부정否定의 묘사야 말로 자신의 신성을 해칠 인간이기에 그랬듯이 독도를 표현한다는 것은 그럴지도 모른다. 그래서 더 많은 언어들이 내 입가에 맴돌지만 여기에서 조용히 참기로 하자. 그렇지만 독도는 지금 통곡痛哭의 눈물을 흘리고 있다는 사실만은 남기고 싶은 걸 어쩌랴.

추억의 사진 한장

 지금으로부터 43년전 10월 28일 21세의 나이로 장가를 들었다. 그 때만해도 교통수단이 원활하지 않았다. 그런데 그날 나는 택시를 타는 호강을 누렸다. 택시는 지금은 이 세상을 떠난 동창생인 현오가 불러주어서 수월하게 이용할 수 있었다.
 학생 시절이어서 머리를 박박 깎은 채 장가를 들었다. 그 날은 참으로 화창한 겨울날이었다. 결혼식 날은 온 마을 사람들이 잔치를 벌이는 날이다. 신부 집 뜰에는 많은 사람들이 운집해 있었다. 주례의 홀笏에 따라 식을 올리고 사진을 찍었다.
 신부의 참한 얼굴, 머리를 박박 깎은 신랑의 애띤 얼굴, 두 사람은 이제 어디에서도 그 날의 신선한 모습을 찾아볼 수가 없다. 그리고 그 순진함도 잃어버렸다. 43년의 세월이란 벌레가 그 젊음의 진액을 갉아먹어버린 것이다.

새색시가 되던 날 마음이 어땠느냐고 아내에게 물으면 지금도 아내는 '아무것도 모른 채 그저 부모님께서 시키시는 대로 행하였을 뿐이다.' 라고 말한다. 천진스러운 대답이다. 우리 부부는 지금까지 아무 문제없이 잘 살아왔다.

지금 아내는 교회의 권사로 있으면서 오직 신앙생활로 자신을 다독이면서 행복한 나날을 보내고 있다.

중매를 든 이종 사촌형도 이젠 70노인이 되어 노인정에서 서성거리고 큰 며느리를 보는 날 너털웃음을 흘리시던 내 아버님도 돌아가셨다. 그리고 꼬맹이 처남들은 어느새 직장에서 중진으로 활동하고 있다. 신부를 맞이하던 날, 우리 집에서는 아침 일찍부터 신부를 보기 위해 운집해 있었다. 쌀이며 계란이야 김치를 들고 축하하러 내 집에 와서 신부의 얼굴을 기웃거리든 마을 사람들도 대부분 저 세상으로 떠나셨다.

이제 우리 부부도 노년에 이르고 보니 지난 세월이 너무 무상하다. 그러나 어쩌랴 그것이 하나님의 뜻인 것을.

풍영정을 찾아서

인간들은 물이 없는 곳에서는 살지 못한다. 어디 인간뿐이랴. 모든 생명체는 물에서 태어났고 물과 같이 살아간다. 물은 생명의 뿌리다. 그래서 그럴까. 물이 있는 곳이면 마음이 더없이 편안하고 아늑하다.

아득한 옛날 우리의 선조들도 물을 찾아 마을을 이루었고 청산 유곡의 산수를 찾아 정자를 짓고 풍월을 읊으며 세월을 낚았다. 세월만 낚은 것이 아니고 인생도 낚았다. 그만큼 그들은 인생을 알았고 인생을 즐겼다.

옛 선비들은 여름이면 정자에 앉아 시를 짓고 노래를 불렀다. 그러다가 흥이 사라지면 술잔을 기울였고 그래도 흥이 머무르지 않으면 기녀들을 불러다 가야금을 뜯었다. 그렇게 그들은 자연 속에서 자연과 함께 생을 즐겼다. 여름이면 매미와 새

소리를 들으면서 흥취를 불렀고, 가을이면 농부들의 추수하는 모습을 자연의 섭리를 음미하면서 세월의 색깔을 마음에 그려 냈다.

광산구 신창동 극락강 상류에 우뚝 솟은 풍영정諷詠亭이 바로 그런 곳이다. 그곳을 지나쳐 본 이라면 느껴보았을 것이다. 얼마나 아름다운 자연의 경관 속에 자리 잡은 정자인가를. 그만큼 경치도 아름답거니와 걸려있는 편액들이 지고한 예술적 흔적을 담고 있다.

이름하여 제일호산第一湖山.

한석봉의 친필親筆도 일품이거니와 하서 김인후河西 金麟厚를 비롯하여 대성리학자 고봉 기대승선생, 대문장가인 송강 정철, 제봉 고경명, 한음 이덕형, 권필 등 당대 기라성 같은 호걸 문인들의 편액들이 풍영정을 장식하고 있다.

그러나 지금은 극락강물은 오염되어 썩은 채 냄새가 진동하고 정자의 위용을 자랑하던 노거목은 누군가의 손에 잘려 나간 채 헐렁한 몇 그루의 나무만이 풍영정을 쓸쓸하게 지켜주고 있다.

좋은 날씨 맑은 술에 깊이 취해 노닐면서
그대 만나 담소하니 모든 근심 사라지네
옛날 길을 되찾아서 도화마을 들어가고
푸른 방초 물가 위에서 좋은 시를 지어보세.

볼품없는 세속의 선비 좁은 모습 부끄럽고
높은 다락에 올라앉아 오래도록 머물고파
이 세상의 좋은 모임 기약하기 어려운데
우리들의 하얀머리 늦가을이 되었구려.
- 권필

당시의 선비들은 이 정자에 앉아서 시로서 인생을 이야기하고 시로서 인생의 덧없음을 한탄하였다. 그러나 그들의 가슴속에는 오늘날의 사람들처럼 온갖 이욕에만 가득 차 있는 것이 아니었으리라. 이백李白 같은 시선이 늘 그들의 가슴 속에 자리하였던 것.

그래서 그들은 서로 만나면 시를 생각했고 고상함을 화제로 삼았다. 명종때 칠계 김언거漆溪 金彦据선생 역시 그런 인물이었다. 그래서 그는 벼슬을 그만두고 낙향하여 정자를 지었으니 그것이 바로 풍영정이다. 그들은 공명이 얼마나 허망한 것인가를 깨닫고 바람과 시를 벗 삼아 취흥 속에서 말년을 이곳에서 보냈다.

풍영정 마루에 앉아서 멀리서 달려오는 기차 소리를 듣는다. 아침 안개를 뚫고 고래등같이 달려오는 철마를 바라보면서 속절없는 세월의 깊이에 내 가슴 속에 싸한 바람이 인다.

철마가 지나가자 이어 다시 태고의 정적이 찾아든다. 뱃사공의 노젓는 소리도 갈매기의 알 품는 소리도 파도 소리도 수평

선 너머로 몇몇 배들이 넘어오는 것도 보인다. 그 옛날엔 이곳 풍영정 밑으로 해수가 밀려 돛단배가 드나들며 간단한 교역도 이루어진 곳이다. 멀리 강원도에서 소금배를 젓고 오는 한 총각사공과 이곳 마을 처녀와 전설적인 이야기만 보아도 그것을 확인할 수가 있다.

그런데 이즈음 인간들은 문명이란 하찮은 무기를 몰고 와서 자연을 온통 신음하게 만들어 놓았다. 그 문명은 결국 우리 인간들마저 신음하게 만들어 놓은 것이다.

(2002. 5)

어머니라는 존재

 봄은 참 좋다. 우선 햇살부터 밝고 따스하다. 나무마다 푸른 물기가 돌고 땅에서는 알 수 없는 생명들이 움찔움찔 솟는다. 산에 가도 새로운 생명들이 우우 소리를 지르고 들에 가도 싱그러운 냄새들이 신명나게 가슴을 흔든다. 그 가운데 꽃은 곱다 못해 사랑스럽다. 너무 사랑스럽다. 이래서 봄은 참 좋다.
 나는 아이들을 볼 때마다 봄기운을 느낀다. 온 몸에 생동감을 받는다. 그래서 길을 가다가도 아이들을 보면 비실비실 웃는다. 아이 엄마에게도 미소를 보낸다. 그것은 나만의 주문인지도 모른다. 당신의 아이가 장래 우리나라의 기둥임을 잊지 말라는 무언의 기도인 셈이다.
 꿈 많은 어린 아이들은 분명 이 땅의 봄꽃이다. 초롱한 눈빛, 순수한 마음, 깨끗한 얼굴은 분명 봄꽃보다 고귀하다.

성경에 하나님은 사랑이시라 했다. 그런데 지구의 많은 사람들에게 일일이 간섭하고 돌보기에는 손이 너무 부족하다는 것을 절감한 하나님께서는 그 자리를 대신하기 위해서 어머니를 보내 주셨다. 말하자면 어머니는 하나님의 손길인 셈이다. 그래서 어머니는 자애慈愛 그 자체다. 그러므로 모든 어머니들은 충분한 사랑의 자양분으로 아이들을 길러야 할 책임과 의무가 있다. 그런 막중한 책임을 가진 어머니들이 소중한 하나님의 선물인 아이들을 탁아소에 물건을 맡기듯이 그렇게 맡겨둔다면 어머니의 의무를 회피하는 것은 아닐까. 어린 아이들의 몸은 신의 몸과 같다고 했는데.

생떽쥐 베리의 소설 〈인간의 대지〉의 한 구절이 생각난다. "저 귀여운 어린 아이여! 저 부부에게서 황금 과실이 나왔구나."라는 구절이. 그리고 또 기억나는 말이 있다. "아이들에게 젖을 먹이는 일만큼 즐거운 투자는 없다."라는 처칠 경의 외침이 이명耳鳴처럼 들리는 것은 나만의 욕심이 아니었으면 한다.

어린이는 한국 미래의 희망이기 때문이다.

황 노인

 황 노인이 허리를 구부린 채 논에서 물꼬를 보고 있다. 대나무만큼이나 자라버린 풀잎들, 그 속에 간간이 달개비꽃이 피어 있기도 하다. 그 옛날의 왕성한 기력이 쇠퇴했음인지 황 노인은 한참 동안 논두렁에서 움직이더니 그만 그 자리에 풀썩 주저앉고 만다. 황 노인의 머리 위로 석양 노을이 헤설프다.
 그렇잖아도 들과 산은 자꾸만 야위어 가는데 하천가에 있는 벼논들은 폭우에 거의 묻혀 버렸다. 버려진 저 땅을 누가 돌보고 누가 손질할지……
 한숨만 들이키는 황 노인은 인제부터인지 팽개쳐 버린 들판에 앉아 석양 노을을 깨물곤 한다.
 이 땅 사람들은, 모두 어디로 가버렸는가. 푸른 시내 위에 길게 늘어서 물장구치던 악동들의 그 왁자지껄하던 목소리며, 맑은 강물 푸른 들판길을 걷는 젊은이들의 발걸음, 허적한 들판 위로 참새 떼들이 차갑게 날고 여기저기 빈집에서 잡초만이 지붕을 덮고 있다.

아침에 날아간 새는 저녁이 되어 돌아올 줄 알며 석양이 되면 햇살도 동헌을 감쌀 줄 안다. 그런데 백일홍이 몇 번을 피었다 지고, 까투리가 수십 번 알을 품었는데도 고향을 떠난 사람은 돌아올 줄 모른 채 두견새만이 해마다 고향 산을 목놓아 울 뿐이다. 올 봄에도 두견화는 산을 더욱 붉게 물들여 놓았다.

마을 어귀를 지키는 한 그루의 버드나무는 황 노인만큼이나 허리를 구부린 채 바람에 흔들리고 있다. 낡은 빈집 정원에서 새어나오는 바람은 제아무리 무더운 여름이라도 황 노인에게는 언제나 알싸하기만 하다. 그래서 황 노인은 여름을 잊은 지 오래다.

어느 때부터인가. 마을에는 대문을 잠글 필요가 없게 되었다. 더욱이 컹컹 짖는 사나운 개도 없어져 마음대로 마을길을 다닐 수 있는 게 좋을지 모르겠지만, 어쩐지 담장 없는 집 같아 마음이 허허하다. 빈집 우물가 잡초들 속엔 뱀들이 불쑥거리고 주인 잃은 오얏나무와 감나무는 해마다 홀로 검푸르게 자란다.

황 노인의 여섯 굽이 속의 마음에는 날마다 바람이 불지 않으면 비가 내린다. 황 노인은 살기 좋은 시대라는 말이 언제부터인가 이상하게 생각되었다. 잠들어도 울적하고 술 취해도 울적하다. 마을길을 거닐어도 울적하고 사람을 만나도 마음만 차

거울 뿐이다. 고개 돌려도 쓸쓸한 기운만 든다.

 황 노인은 일찍이 풍류를 꿈꿔 오던 때가 있었다. 화려한 꽃 속에 춤추던 때가 있었다. 70여 년의 흥망세월을 절실하게 살아왔던 그다. 그러나 지난 세월의 흔적들을 쉽사리 떨쳐 버릴 수가 없다. 젊은 날 거마와 관복을 찢어 버리고 낙향했을 때 그의 뜻을 아무도 알지 못했었다. 그는 수도 한양에서 해마다 수천 필의 재물을 거두어들일 수 있었고 장안에서 내로라하는 막강한 힘을 부리고 있었다. 그러나 그는 아내를 잃어버리자 그것도 함께 버리고 낙향했던 노인이다.

 그가 고향에 돌아왔을 때 제일 먼저 오동나무를 심었다. 하필이면 오동나무를 심느냐고 그의 친구들은 물었다. 그 후 40여 년의 세월이 흘렀다. 황 노인은 무료하기 그지없을 때는 그 나무에 앉아서 머물곤 한다. 망처와 처음 만난 장소가 서울 당산동 오동나무 아래라는 것을 아는 사람은 아무도 없다. 그 오동나무가 아내의 모습처럼 우뚝 서서 황 노인과 같이 고향을 지키고 있을 뿐이다.

# 4부

바보들의 천국
불운과 행운
복잡한 사고
삼지三知
참된 삶
민주라는 이름
악인과 선인
사랑
겨울은 봄을 낳고
선물
도둑

바보들의 천국

 한국이라는 동방에 이상 국가를 건설하겠다는 국회의원들이 있었다.
 그 나라에는 완벽한 민주주의를 실현한다고 자부하는 두 정당政黨이 뜨겁게 활동하고 있었다.
 한 정당은 보수주의를 자처하였고, 한 정당은 진보주의를 부르짖었다. 이상 국가를 건설하겠다는 진보 정당의원들은 보수주의 정당들과 차별화를 위해 모두들 머리털을 빡빡 깎아 대머리로 변신하였다.
 두 정당은 국민들의 뜻이라며 연일 의사당에서 사사건건 상대방의 말꼬투리를 붙잡고 싸워대는 것이 그들이 하는 일이었다.
 하루는 안건을 처리 하다가 또 싸움이 붙었다. 보수주의 국회의원들이 대머리 정당을 향하여 마구 쇠파이프를 날려댔다. 얻어맞을 때마다 상처가 생기고 피투성이가 낭자하였다. 그런데도 그들은 피하지 않고 뭇매를 다 맞아가며 히죽거리고 있었다.

  방청객이 이상하게 생각하여 물었다.

  "당신들은 어찌하여 피하지 않고 뭇매를 맞고만 있는가?"

  "저놈들은 자기네 힘만 믿는 바보들이거든요. 아마 그들은 사람의 머리통을 돌이라고 생각하고 마구 각목을 날려대는 모양입니다. 저런 멍청한 바보들이 어디 있겠습니까. 국민들은 저들을 보고 뭐라고 하겠습니까. 돌대가리라고 할 게 아닙니까?

  방청객은 길게 한 숨만 쉬었다.

불운과 행운

 어느 가난한 농부가 밭에서 일하다가 황금 덩어리를 주웠다. 그는 일시에 장안의 부자가 되었다. 큰 행운이었다.
 한편 이웃집에 사는 부잣집 김 영감은 밭에 갔다가 호랑이에 물려 전신이 마비되었다. 불운이었다.
 모두가 하루아침에 일어난 사건이었다.
 마을 사람이 현자를 찾아갔다.
 "현자님, 어떤 이에게는 행운이 어떤 사람에게는 불운이 닥치는 이유가 뭡니까?"
 현자가 대답했다.
 "행운이니 불운이니 하는 이름 자체가 잘못된 게지."
 "쉬운 설명을 부탁드립니다."
 "말하자면 사람들은 자신에게만은 행운이 올 거라고 착각하는데서 불운이라는 말을 쓴 게야."

"그렇다면 우리에게는 이미 정해진 운명대로 살아간다는 말씀입니까?"

"인간의 노력으로는 되지 않는 일이 많다는 것을 생각 못하는데서 오는 착각이지."

복잡한 사고

　어느 철학자가 있었다. 그는 시대의 존경을 한 몸에 받고 있는 사람이었다. 많은 제자가 그의 밑에 구름처럼 모여들었다.
　어느 날 밤, 산책을 하다가 제자들에게 물었다.
　"저기, 달이 무엇으로 보이는가?"
　십 년간 공부한 제자가 입을 열었다.
　"빵 모양과 같습니다."
　그 옆의 제자가 대답했다.
　"우주와 같습니다."
　또 다른 제자가 대답했다.
　"시계와 같습니다."
　또 한 제자가 대답했다.
　"수레 바퀴입니다."

또 말했다.

"인간의 입과 같습니다."

제자들의 대답은 갖가지였다. 제자들은 더 좋은 정답을 찾기 위해 끙끙 앓고 있었다.

스승은 말했다.

"달은 달일 뿐이다. 그런데 인간들은 애써 어떤 의미를 부여하려 애쓰는 게지."

삼지 三知

부정부패가 오늘날만 성행하는 것은 아니었나 보다.

중국 후한 시대도 관료들이 크게 부패해 있었다. 뇌물이 오가고 부정한 청탁이 그치지 않았다.

그 가운데 청렴하고 고결한 인물로 양진이란 관리가 있었다. 그는 아는 것이 많고 청렴한 인물로서 관서 출신으로 관서의 공자라는 칭찬을 받고 있었다. 그가 동래 군수의 태수로 부임하는 도중 어느 숙소에 묵었을 때 밤늦게 그 고장의 현령이 찾아왔다.

"태수 나리 소인을 모르시겠습니까? 은혜를 입었던 왕밀이옵니다."

그러고 보니 그가 생각났다. 자기가 감찰관으로 있던 시절에 학식이 뛰어나 과거 급제를 시켜주었던 인물이었다.

다정하게 이야기를 나누다가 왕밀은 금 열 근이라는 거액을 양진에게 주려 하였다. 지난날 과거에 급제시켜준 데 대한 은혜에 대한 보답이라는 것이다.

양진은 온화하면서도 단호한 어조로 말했다.

"나는 그대의 학식과 인품을 기억하는데 그대는 나의 사람됨을 잊었다 말이오?"

"아니올시다. 태수 나리. 이것은 결코 뇌물이 아니라 그저 사람의 도리일 뿐이올시다."

"그대가 나의 예상대로 현령 자리에까지 올라주었으니 나에 대한 보은으로 족하오."

"이 밤중에 알 사람도 없지 않습니다. 이 방에는 지금 태수님과 소인밖에는 없으니 허락하여 주십시요."

"무슨 말이오! 하늘이 알고 땅이 알고, 그대가 알고, 내가 알잖소?"

나라면 어떠했을까.

참된 삶

　아프리카 밀림지대에서 서식하는 원숭이들의 생활 습관과 건강상태 및 생태환경 등에 대한 보고서를 읽은 적이 있다. 원숭이들은 매일 6시간 동안 먹이를 위해 부지런히 노동을 하고, 나머지 시간은 유희와 수면, 친교 등으로 하루를 보낸다.
　그런데 그곳이 국립공원으로 지정되고 호텔이 들어서면서부터 원숭이들이 나무 타기를 하다가도 땅에 떨어지는가 하면 다리를 절고, 병에 시달리는 등 건강상태에 이상증후가 발견되었다.
　그 원인을 조사해 본 결과 호텔 측에서 먹다가 버린 햄버거, 치스, 고기 등 기름진 음식 쓰레기로 배를 채우고 나면 나무 밑에서 낮잠을 자고, 그러다가 배고프면 다시 쓰레기장에서 뒤져 먹는 환경의 변화 때문에 원숭이들이 당뇨병과 고혈압, 그리고 각기병을 앓고 있다는 사실을 확인되었다. 예전에는 먹이를 위해 부지런히 운동을 하고 땀을 뻘뻘 흘려서 몸의 컨디션을 조절하였다. 그런데 음식 쓰레기를 먹게 되면서 노동을 하지 않아도 얼마든지 먹을 수 있는 식량이 확보되자 매일 낮잠과 휴식으로 소일하다보니 병이 발생한 것이다.

그 후 다시 쓰레기를 함부로 버리지 못하게 통제하고 나서야 건강상태가 원래 대로 회복되었다고 한다.

남편을 사망하게 하려면 "칼을 휘두르지 말고 많이 먹고 살찌게 하라, 그리고 포화지방을 많이 섭취케 하라, 담배를 피우고 커피를 많이 마시게 하라." 이 말은 하버드 대학 진마이어씨가 『주인을 사살하는 것을 가르쳐 준다』라는 그의 저서에 기록된 내용이다.

내 이웃에 아홉 살짜리 초등학생이 있다. 얼마나 먹어댔던지 언제나 숨을 헐떡거리며 다닌다. 너무 힘들어하는 모습을 볼 때마다 사랑이란 이름으로 아이를 서서히 죽어가게 하고 있는 것 같아 애처롭다.

인간이나 동물이나 노동을 하지 않으면 몸에 병이 들게 되어 있다. 먹은 만큼 노동을 해서 에너지를 소비해야 하는 자연의 이치를 다시 한 번 깨닫게 된다.

민주라는 이름

 철저히 민주주의를 신봉하는 나라가 있었다. 각 업체마다 노동권이 엄격하게 보장받고 있었다. 그리고 봉급 수준도 대학교수보다 나은 수준이었다.

 어느 대형 양계장이 있었다. 그곳에서 백여 명의 종업원이 일을 하고 있었다. 그 조합은 다수결의 원칙을 준수하고 있었다. 어느 날 조합 간부들이 모여 행복한 합의를 도출하였다. 업주가 임금을 인상해 주지 않으면 일정기간 파업하기로 결정하였다. 그 가운데 반대하는 목소리가 있었지만 묵살되었다.

 다음 날 조합원 총회가 열렸다. 의안을 상정하고 표결에 붙였다. 모든 절차가 공정하였다. 그들은 민주적 절차에 의해 합법적으로 교섭을 하고 이어서 파업에 돌입하였다. 경영자는 할 수없이 조합원의 뜻을 받아드렸다. 회사는 갈수록 적자가 누적

되었다.

다음 해 조합원들은 또 임금을 올려달라며 파업에 돌입하였다.

업주가 임금을 인상해 주지 않으면 매일 닭의 먹이를 반으로 줄이기로 합의했다.

그들은 다음날부터 닭 모이를 줄여서 공급하였다. 그러자 닭들은 알을 낳지 못하였다. 영양이 부실하자 폐사하는 닭들이 늘어났다.

결국 양계장은 문을 닫고 말았다. 종업원들은 더 이상 민주적 방법으로 해결할 길이 없었다. 그래서 각기 직장을 떠나야만 하였다.

악인과 선인

　어느 날 자공이 스승 앞에 무릎을 꿇었다.
　"선생님, 좋은 사람의 기준에 대해서 묻고자 합니다. 마을 사람들이 그를 좋은 사람이라고 모두 입을 모으는데 정말 그는 좋은 사람일까요?"
　"글쎄다".
　"마을 사람들이 모두 그를 미워한다면 그는 나쁜 사람일까요."
　"글쎄다"
　공자는 자공을 뚫어지게 한참을 응시하다가 입을 열었다.
　"군자다운 착한 무리들이 그를 따르고 소인 무리들이 그를 싫어한다면 정말로 그는 좋은 사람이라 할 만하지."
　자공이 입을 열었다.

"선인善人으로부터 존경을 받고 악인惡人으로부터 배척을 받아야만 참으로 훌륭한 사람이란 말씀이군요"

"그렇다네."

그렇다면 남의 비위를 맞추는 사람을 좋은 '사람'이라고 할 수 없겠군요?

"그렇다네. 좋은 것은 좋다고 말하고, 그른 것은 그르다고 말하는 사람이 진정 좋은 사람이라 할 수 있지."

그렇다면 이 세상에 좋은 사람은 없다는 말이 아닌가.

어쩐지 입맛이 씁쓸하다.

사랑

또 확인한다.
나를 사랑하느냐고? 정말로 나를 사랑하는 게 맞느냐고?
길을 걷다가도 묻고 잠자리에서도 묻는다.
대답이 조금만 늦은가 싶으면 신경질적으로 묻는다.
이런 아내들은 사랑에 자신이 없는 여인들이다.
사랑은 말에 있는 것이 아니라 침묵 속에 있다.
사랑은 성급한 곳에서는 죽어버리고, 오만한 데서는 도망가고, 무례한데서는 성장하지 못하고, 좁은 곳에서는 식어버린다.
사랑은 참고 기다리는 데서 생명이 솟고, 겸손한 곳에서는 꽃을 피우고, 온유함 속에서 성장하고 믿음 속에서 오래간다.
사랑은 획득이 아니라 희생이다. 관능이 아니라 존경이다.

존경이 없고, 희생이 없는 데서는 사랑이 싹 트지 못한다. 관능적이고 성애적인 사랑은 사랑이 아니라 희롱이 아닐까.

(2002. 8)

겨울은 봄을 낳고

봄이다. 새봄이다. 어둠을 뚫고 일어선 봄, 그래서 봄은 더욱 아름답다. 지난 겨울은 너무도 춥고 어두웠다. 전에 없는 불황이 우리 모두의 마음을 우울하게 했다.

겨울은 만물을 얼어붙게 한다. 초목도 얼고 물도 얼고 대지도 얼고 우리의 마음까지 얼어붙게 한다.

그러나 혹독한 겨울은 우리에게 활기찬 봄을 안겨준다. 새벽은 어둠이 만들어낸 창조물이라면 봄은 겨울의 고통이 만들어낸 요술이다.

밤을 어둠으로만 보아서는 안 된다. 그 속에 새벽이 담겨 있음을 알아야 한다. 고난을 고통으로만 대한다면 절망과 좌절이 따른다. 파도는 바다의 일부분이기는 하지만 바다가 아니요, 창공은 하늘의 공간이기는 하지만 하늘은 아니다. 절망은 감정일 뿐 현상은 아니다.

　모두들 죽겠다고 아우성이다. 그러나 높은 산을 오른 뒤에는 반드시 평지가 나타난다. 20세기 공황을 딛고 포드 자동차 호황을 만들어 냈고 일본 오사카 지역의 불경기는 '마이도' 1호라는 위성을 띄워냈다.

　어리석은 사람은 신을 섬기고 지혜로운 사람은 신을 활용한다. 몸의 비위를 맞추는 사람이 아닌 자신의 육체를 활용하는 사람이 될 때 희망은 꽃핀다. 몸을 활용한다는 말은 좌절하지 않는 내공을 말한다.

　긴긴 겨울을 참고 기다리면 어김없이 봄이 찾아들 듯이 겨울같은 불경기는 머지않아 사라진다. 불행은 행복을 낳고 고통은 영광의 샘물을 만들어 낸다. 어려울 때일수록 마음의 힘을 길러야 한다. 이 세상에서 나를 구원할 사람은 아무도 없다. 오직 하나님에 의지하는 힘있는 내 자신이다.

선물

노나라 공유휴公儀休는 청렴한 재상이었다.

어느날 그에게 생선生鮮을 선사하였다. 그는 완강히 거절하고 받지 않았다.

"어르신께서 생선을 좋아 하신다는 말을 듣고 가져왔는데 어째서 받지 않았습니까?"

그가 대답했다.

"생선을 좋아하기 때문에 더욱더 받지 못하는 것입니다. 지금 나는 다행스럽게도 재상의 봉급으로 내가 좋아하는 생선을 손수 사 먹을 수 가 있습니다. 만일 내가 이 생선을 받음으로써 이러쿵저러쿵 말썽이 생겨 이 자리를 물러나게 되면, 누가 나에게 생선을 사다 주시겠습니까? 그래서 이 선물을 받지 못합니다."

얼마 전 고급 외제차를 한 교인으로부터 선물을 받은 목사가 있었다.

기자가 물었다.

"3억 5천만 원이란 선물은 과하지 않을까요?"

그는 얄망궂게 대답하였다.

"그게 뭐 어쨌다는 거요? 그 사람이 재산이 많기 때문에 선물로 주어서 받은 것뿐인데…"

두 사람 가운데 누가 과연 하나님을 섬기고 받드는 자일까.

도둑

 한국 전력은 2006년부터 전기 요금 인상으로 보전 받은 석유수입부과금 4214억원을 이중으로 계산하여 국가로부터 막대한 상금을 받아 상여금 잔치를 벌였다고 한다. 그것은 한전에 국한한 것이 아니라, 주택공사와 토지공사, 석탄공사 등 공기업 전반에 걸쳐서 이런 형태의 문제점이 발견되었다.
 자공이 신양(信陽)의 재상이 되었다. 공자에게 인사차 찾아갔다. 공자는 그에게 당부를 했다.
 "아무쪼록 부지런하고, 삼가고, 절조를 빼앗기지 말고, 자기의 공로를 자랑하지 말고, 포악하지 말고, 도둑질하지 마라."
 '도둑질하지 말라'는 말이 자공의 마음을 불쾌하게 했다.
 "아니 저는 어렸을 때부터 선생님을 섬겨왔습니다. 그런 저에게 도둑질하지 말라고 하신 말씀을 지나치십니다."

공자가 대답하였다.

"네가 세상의 이치를 모르는 구나. 물건을 훔치는 것만이 도둑질이 아니다. 법을 받들어 백성들을 유익하게 다스리지 못하는 관리도 또한 도둑질이니라. 백성의 원망을 사는 것 그것 또한 도둑질이지."

애국심은 어디론가 날아가고 오직 부와 권력에만 집착하는 우리 시대의 사람들. 도둑 아닌 사람이 몇이나 될까.

5부

배
십자가 모독죄
기도
두 형제
두 나그네
한 통의 편지
현재
장례식이 화려한 이유
오만
위대한 지도자

배

한 농부가 목사에게 물었다.

"제아무리 나쁜 악인惡人이라도 예수님만 믿으면 천국백성이 될 수 있다던데 그것이 사실일까요?"

목사는 빙그레 웃으며 고개를 끄덕였다.

"단 한번의 실수로 살인을 범했더라도 지옥에 떨어진다는데 그것도 사실일까요?"

목사는 여전히 미소를 지으며 고개를 끄덕였다.

농부는 도저히 이해할 수가 없다는 표정을 지었다.

이 때 목사가 농부에게 물었다.

"아주 작은 모래알이라도 물위에 뜰 수 있을까요?"

"불가능한 일이지요."

다시 물었다.

"집 채 만한 바위 덩어리는 어떨까요?"
"더 불가능한 일이겠지요."
목사는 웃으며 말했다.
"그렇다면 배위에 바위를 실으면 어떨까요?"
"당연히 뜨겠지요."
"그렇습니다. 예수님은 바로 배와 같은 존재라고 생각하십시오."

십자가 모독죄

한 기독교 국가가 있었다. 그 나라는 십자가를 숭상하는 나라였다. 관공서는 물론 어디에나 십자가가 걸려 있었다. 모든 국민들은 업무를 시작하기 전 반드시 십자가에 경례를 하도록 국법에 정해졌다.

한 목사가 법을 어겨 재판에 회부되었다.

"이 나라의 모든 국민이라면 아이들까지도 십자가에 경례를 하는데 그대는 왜 거부했는가?"

검사가 굳은 얼굴로 심문했다.

"한낱 막대기에 불과한 십자가에 절을 해야 할 이유를 발견 못했기 때문이오."

목사의 대답이었다.

"그것은 신에 대한 모독이란 것을 모르시오?"

검사는 화난 얼굴로 따지듯 물었다.

"십자가는 나무 조각에 지나지 않소? 한낱 나무 조각에 의지하는 그런 신이라면 우리가 섬길 이유가 없지 않소?"

검사는 목사를 노려보며 언성을 높였다

"십자가는 신의 상징이요?"

목사도 지지 않고 대답하였다.

"하지만, 그것은 신을 섬기는 것이 아니라 우상(십자가)를 섬기는 일 아니요?"

"궤변은 그만 하시오."

"궤변이 아니라, 나는 법이라는 폭력의 피해자요."

결국, 목사는 십자가 모독죄로 형을 받게 되었다.

기도

어느 성직자는 기도를 하면 뜻한바 모든 소원을 이룰 수 있다고 성도들에게 가르쳤다.

한 농부는 성직자의 가르침대로 매일 기도를 드렸다.

그는 어느 봄날 들에서 씨앗을 뿌리다가 너무 힘이 들었다. 그래서 일손을 놓고 기도했다.

"하나님, 씨 뿌리기가 너무 힘들어 죽겠습니다. 대신 좀 뿌려주십시오."

하나님은 농부의 요청대로 대신 씨를 뿌려 주었다. 농부는 가슴이 울렁거렸다. 풀이 자라자 김을 매어 달라고 기도했다. 김도 하나님이 대신 매 주었다. 드디어 추수 때가 되었다.

"하나님 추수하기가 너무 힘이 듭니다. 대신 좀 하여 주십시오."

하나님은 농부 대신 추수도 말끔히 해 주었다. 그는 추수한 곡식 뒤처리까지 하나님에게 부탁하였다. 하나님은 그것도 들어 주었다.

그런데 곡간 문을 열자 있어야 할 곡식이 눈에 보이지 않았다. 당황한 농부는 무릎을 꿇고 하나님에게 물었다.

"하나님, 추수한 곡식이 눈에 보이지 않습니다. 어찌된 일일까요?"

하나님이 대답하였다.

"너는 먹는 일조차 기도로 해결하라."

두 형제

　각별한 신앙심을 가지고 살아가는 두 형제가 있었다. 형은 고행(苦行)을 신앙으로 생각했다. 날마다 새벽 네 시면 새벽 기도를 드렸고, 주일이나 수요일 밤은 금식기도로 날밤을 샜다. 틈만 나면 교회로 달려가 무릎을 꿇고 앉아서 기도를 드리는 것이 일과의 대부분이었다. 그것만이 하나님을 기쁘게 해드리는 것이라고 생각했다.
　그러나 동생의 신앙은 형과는 달랐다. 교회에 가서 날밤을 새우는 일도 그렇다고 금식을 하는 일도 없었고 새벽 기도를 드리는 법도 없었다. 그의 신앙은 평범할 만큼 너무 일상적이었다. 주일이면 예배를 드리고, 평일은 일터로 가서 열심히 땀을 흘렸다. 저녁이 되면 가장으로서 가족들과 많은 대화를 나누었다. 모든 일은 성령과 함께 했다. 그가 만드는 물건은 아주

튼튼했고 견고했다. 그러다 보니 재산도 늘어났다.
두 형제의 각기 다른 방식의 신앙생활을 하였다.
몇 년 후 형이 죽었고, 동생도 죽었다.
하나님은 두 형제중 누구를 천국으로 보냈을까.

두 나그네

어느 추운 날 두 사람이 길을 걷고 있었다.

강둑에 한 거지가 죽어 있었다.

한 사람은 그 자리에 엎디어 불쌍한 영혼을 천국으로 보내달라고 기도만 하고 지나쳤고, 한 사람은 땅을 파고 묻어 두고 일어섰다.

기도만 하고 일어선 사람은 독실한 기독교 신앙인이었고, 땅을 파고 시체를 묻어 둔 사람은 그저 평범하게 살아가는 가난한 농부였다.

한 통의 편지

 정의正義의 사도라고 자칭하는 유명한 변호사가 있었다. 그가 수임한 사건은 어김없이 승소 하였다. 그에게는 막대한 부富는 물론 덤으로 권력과 명예까지 주어졌다. 모든 사람들은 그를 부러운 시선으로 바라보았다. 특히 젊은 법학도들은 그가 걸어온 길을 꿈꾸고 있었다.

 마침내 그는 인기 있는 정당에 영입되어 국회의원에 출마하게 되었다. 20년의 변호사 사업을 마감하는 축하연이 성대하게 기행되었다. 식장은 화려하고 성대하였다. 화환이 입구에서부터 발 디딜 틈새 없이 실내를 꽉 메웠다.

 식이 끝날 무렵 그에게 한 통의 축전이 도착하였다.

 「有錢無罪 無錢有罪」

현재

현자가 제자들을 모아놓고 다음과 같은 문제를 내 놓았다.
"일을 할 때 '어느 때時點' 하는 것이 적절하겠는가?"
한 제자는 최고의 석학들을 불러서 프로그램을 만드는 것이 가장 좋을 것이라 했고, 어떤 제자는 세계 경제학자를 초청하여 자문을 구하는 것이 좋을 것이라 했다. 답은 갖가지였다. 여론 조사를 해서 실시하는 것이 가장 좋은 방법이라고 말하는 제자도 있었다.
그러나 현자는 고개를 흔들었다.
몇 달이 흘렀지만 마음에 드는 답을 써오는 사람이 없었다.
그 후 한 나그네가 길을 가다가 제자의 고민을 듣고는 웃으면서 다음 두 자를 써 주었다.
"현재"
현자는 만족한 미소를 지었다.

장례식이 화려한 이유

염라대왕 앞에 세 사람의 사내가 세워졌다.
한 사람은 기업의 총수였고, 한 사람은 깡패 두목, 그리고 마지막 한 사람은 정치인 이렇게 세 사람이었다.
"그래, 모두 사람을 속이는 일만 하다가 온 놈들이군"
서류를 꼼꼼히 살피던 염라대왕은 마지막 판결을 내렸다.
"기업의 총수와 강패 두목은 훈방조치 하고, 정치인은 지옥방으로 보내어 물고문을 하도록 하라."
이 때 정치인이 이의를 제기했다.
"억울합니다. 저는 국가를 위해 30년 동안 이 한 몸을 다 바치다가 왔는데요."
염라대왕이 대답했다.
"너희 셋은 모두 죄질이 무거운 놈들이다. 권력과 결탁하여 다른 기업을 삼키는 등의 얌체 짓 한 점이나, 일하지 않고 놀고 먹으면서 다른 사람을 등쳐먹는 일도 잔인한 행동이었겠지만, 남을 중상 모략하는 정치인과는 비교할 수가 없느니라. 기업가나 깡패는 입으로 남을 상하게는 하지 않았지만 너희들은 하는 일 없이 입으로만 애국하는 체 하면서 등 뒤로는 온갖 모함과 권모술수를 다 한 놈들이 아니더냐. 게다가 국민들의 감정까지 동서로 갈라놓은 뻔뻔한 짓을 하면서도 뉘우치지 못했으니 그것이 사람으로서 할 도리인가?"

정치인들의 장례식은 화려하게 치러진다. 그것은 지옥행으로 가는 그들이 너무 불쌍하고 불쌍하기 때문에.

오만

자칭 민주 투사라고 일컫는 자가 있었다. 세월이 좋아 그 무리들이 정권의 요직에 등극 되자, 그도 함께 권력의 자리에 오르게 되었다. 그의 가슴은 한껏 부풀었다. 목에도 힘이 들어가 있었다.

어느 날 그는 옛 스승을 찾았다. 꼿꼿한 자세로 스승에게 인사를 올렸다. 잠시 침묵이 흘렀다.

스승이 입을 열었다.

"먼 시골길까지 웬 발걸음인가?"

"가르침을 받고 싶어서 찾아뵙게 되었습니다."

"그래, 겸손을 간직하게."

"그 다음은요?"

"그것 역시 겸손함을 잃지 않는 게지."

"마지막으로 한 말씀은 더 듣고 싶습니다."
"그래, 항상 겸손한 자세를 갖길 바라네."
그는 실망했다. 스승에게 따지듯 물었다.
"선생님, 저는 지금까지 겸손한 자세로 살아왔는데요?"
스승은 정색을 하며 입을 열었다.
"자신이 '겸손'하다고 생각하는 그 자체가 바로 '오만'이라네."

개미 눈물만큼 선행을 가지고 요란하게 떠들어대는 사람이 있다. 그 역시 또 하나의 '오만'이 아닐까.

위대한 지도자

양나라 혜왕惠王이 말했다.
"과인이 조용히 선생님의 가르침을 받고자 합니다."
맹자가 대답했다.
"사람을 죽이는 데 있어 몽둥이나 칼로 죽이는게 다를 바 있을까요?"
혜왕이 말했다.
"다를 바 없습니다."
"그렇다면 칼로 사람을 죽이는 것과 정치를 잘못하여 못 살게 굴어 죽이는 것이 다를 바 있을까요?
혜왕이 대답했다.
"다를 바 없습니다."
맹자가 다시 물었다.

"군왕들의 주방에는 기름진 고기가 쌓여있고, 마구간에는 살진 말들이 있는데, 백성들 얼굴에는 굶주린 기색이 돌고, 들판에는 허기져 쓰러진 시체들이 있으니, 이는 바로 군왕들이 짐승을 몰아다가 사람을 잡아먹게 한 것입니다. 짐승들끼리 서로 잡아먹는 것조차도 사람은 나쁘게 칩니다. 그렇거늘 백성의 부모라고 할 군왕으로서 정치를 하는 처지에 있으면서 짐승을 몰아 사람을 먹게 하는 일조차 면하지 못한다면, 어찌 백성의 부모라고 할 군왕이 될 수가 있겠습니까?"

혜왕은 더 이상 말을 잇지 못하고 고개를 숙였다.

예나 지금이나 탁월한 성현들의 가르침은 많지만 그 가르침을 따르는 정치인은 없다.

그런데 요즘은 이런 권력자를 두고 '위대한 지도자'라는 영웅 칭호를 달아주는 나라도 있는 모양이다. 그 나라가 바로 북한이라는 나라다.

연보

1980. 7. 2.	농민문학회를 창립하고 《농민문학》지 주간을 맡음.
1980. 11. 5.	월간 《새농민》지 주최 문예현상 모집에 수필 특상 수상
1980. 11. 5.	제2 수필집 《아직도 못다한 말》(유림사) 발행
1981~1983	전북대학교 의과대학 부속 간호전문대학 강사
1982. 6. 25.	제3 수필집 《꿈이 오는 길목에서》(유림사) 발행
1981. 8. 1.	월간문학 35회 〈국향〉으로 신인상 수필부문 당선
1983. 11. 5.	《한국한시감상》(맥밀란) 발행
1984.	농민문학회 창립 주간 역임
1986. 9. 10.	《한문의 이해》(신아출판사) 발행
1986. 11. 5.	《문장강론》(신아출판사) 발행
1989. 4. 1.	제5 수필집 《내 안에 너를 가두리》(문학관) 발행
1989. 7. 1.	제6 수필집 《영원한 내 가슴 속의 별자리》(신아출판사) 발행
1989. 7. 8.	《논어 에세이》(문학관) 발행
1990. 9.	《현대수필 창작입문》 발행
1992. 5. 10.	全北隨筆文學賞 受賞
1992. 9. 1.	《수필과비평》 주간 역임

1992. 9. 1.	수필창작 아카데미 소장. 한국현대수필 문학연구소 소장
1993. 8. 15.	평론집 《隨筆文學, 무엇에 대하여 고민하는가》 발행
1994. 2. 22	韓國隨筆文學賞 受賞
1994. 11. 30.	《光山文學史》 발행
1995. 3. 30.	수필집 《뛰는 교수 깨는 남자》(문학관)
1995. 12. 26.	광주 문학상 수상
1996. 10. 1.	로고스 성도대학 수료
1997. 3.	《한국근대수필문학사》 발간
1997. 8.	《현대수필작가론》 발간
1997. 11. 29.	고창문학상 수상
1999. 6. 25.	《너무 쉬운 수필작법》 발간
2000. 5. 1.	광산 시민연대 고문
2000. 7. 27.	《다시보는 논어》 출간
2001. 8.	湖西大學校 神學大學院 牧會神學科 入學
2001. 10. 1.	《믿음을 올바르게 세우는 성경에세이》(신아출판사) 발행
2003. 8. 20.	《수필의 양식과 구성의 원리》(한국문화사)
2005. 3. 1.	국제펜클럽 한국본부 이사
2005. 6. 1.	《수필창작론》(푸른문학사)
2007. 2. 23.	황조근정훈장 받음

2007. 2. 28.　　정년퇴직
2007. 2. 23.　　호남대 명예교수
2007. 6. 1.　　 (사)어린이문화진흥회 이사장 취임

현대수필가 100인선 · 44
정주환 수필선
국향

초판인쇄 | 2010년 4월 15일
초판발행 | 2010년 4월 20일

지은이 | 정 주 환
펴낸이 | 서 정 환
펴낸곳 | 좋은수필사

주   소 | 서울시 종로구 익선동 30-6
          운현신화타워 빌딩 3층 305호
전   화 | (02)3675-5635, (063)275-4000
등   록 | 1984년 8월 17일 제28호
홈페이지 | http://www.shin-a.co.kr
e-mail | essay321@hanmail.net

값 7,000원

ISBN 978-89-5925-313-5 04810
ISBN 978-89-5925-247-3 (전100권)

*저자와 협의하여 인지는 생략합니다.
*잘못된 책은 바꿔 드립니다.